Hans Janotta

Die Küche Mallorcas

Inhalt

Tipps zu den Rezepten

Die Portionsangaben
Sofern nicht anders angegeben, sind alle
Rezepte für 4 Personen berechnet.

Die Zubereitungszeiten
Sie beinhalten sowohl die Vorbereitungszeit
als auch die Garzeit. Eventuelle Sonderzeiten,
z. B. für das Gehen, Quellen oder Ruhen,
sind gesondert aufgeführt.

Die Kalorienangaben
Sie beziehen sich in der Regel auf 1 Portion
bzw. 1 Stück (z. B. bei Gebäck).

Die Zutatenmengen
Sie beziehen sich auf die ungeputzte Roh-
ware. Sind Stückzahlen angegeben, wird von
einem Stück mittlerer Größe ausgegangen.

Die Abkürzungen

EL	= Esslöffel	gem.	= gemahlen
	(gestrichen)	getr.	= getrocknet
TL	= Teelöffel	TK-...	= Tiefkühl-...
	(gestrichen)	kcal	= Kilokalorien
Msp.	= Messerspitze	ø	= Durchmesser
Pr.	= Prise	Min.	= Minute(n)
geh.	= gehäuft	Std.	= Stunde(n)

Mallorquinische Esskultur

Mallorca, früher Isla de la Calma, liegt im Schnittpunkt der Seehandelswege des Mittelmeeres. In dieser Lage war die Insel vor den begehrlichen Blicken der nach Stützpunkten ausschauenden Handelsherren kaum sicher, war sie schnell das Ziel räuberischer Piraten. Und Handelsherren und Piraten kamen aus allen Ecken der alten Welt: Karthager, Römer, Engländer, Franzosen, Italiener, Türken, Habsburger, Araber, Spanier, Templer und andere. Sie alle haben dort Station gemacht; sie haben die Kultur der Insel, die Architektur, die Menschen und auch Essen und Trinken geprägt. Maurische Einflüsse kann man heute noch in den Terrassen in Banyalbufar erkennen, die die Mauren für den Weinbau angelegt haben. Zwar werden dort heute Tomaten, Paprika und Kartoffeln angebaut, aber der Name des Dorfs, der arabischen Ursprungs ist und „kleiner Weingarten am Meer" bedeutet, weist den Weg zu seinen Wurzeln. Alle Völker und Besucher haben gegessen und getrunken, alle Kulturen haben ihre kulinarischen Zeichen gesetzt. Aus diesen Einflüssen ist eine unvergleichlich interessante Küchenkultur entstanden.
Die Verteidigung der Insel gegen Seeräuber hat deutliche Spuren auf der Insel und auch auf dem Speisezettel hinterlassen.

Alle bedeutenden Orte der Insel bestehen aus zwei Teilen, dem Haupt- und dem Hafenort. Das kommt daher, dass sich die reichen Grundbesitzer mit ihrem Besitz als Schutz vor Überfällen ins Landesinnere zurückzogen und dort in den Hauptorten ihre Höfe errichteten. Die jahrhundertelange Bedrohung des Mittelmeeres durch Piraten ist der Hauptgrund, warum auf Mallorca keine ausgeprägte Fischerei zu finden ist. Viel zu lange konnte man nur in unmittelbarer Nähe der Insel fischen, wenn man nicht als Galeerensklave enden wollte. Die Entstehung einer bäuerlichen Kultur war also durch den Rückzug ins Inselinnere begünstigt. Das zeigen die landwirtschaftlichen Produkte der Insel deutlich. Aber auch Geräte wie Caldereta und Greixonera, Tonkrüge und Holzlöffel lassen erkennen, dass es die bäuerliche Gesellschaft war, die den kulinarischen Stil geprägt hat.

Die mediterrane Gelassenheit drückt sich sehr deutlich in den Essgewohnheiten und Essgeräten aus. Nicht filigranes Porzellan und feinste Bemalung prägen das Bild, sondern große Schüsseln, aus denen die ganze Familie mit dem Holzlöffel aß. Robust gebrannte Farben, wie wir sie auch in unseren ländlichen Museen finden könnten. Tonkrüge zum Lagern von Wein und Öl zieren heute noch die Keller

und Gärten. Die Familie geht eben am Sonntag nicht fein in Palma speisen, sondern breitet ein großes Tischtuch auf den Wiesen des Klosters Lluc aus. Sie zaubert aus großen Körben alles, was die Insel kulinarisch zu bieten hat.

Produkte der Insel

Mallorca bietet eine reiche Auswahl eigener Produkte. Durch die Kombination aus bäuerlicher Kultur im fruchtbaren Inselinneren und Fischerei an den Küsten ist eine interessante Mischung entstanden.

Schwarze Schweine
Die schwarzen Schweine der Insel sind berühmt, ihr Fleisch ist eines der ersten Exportgüter der Insel. Da die Schweine meist in Freilandhaltung gezüchtet werden und viel Auslauf haben, ist das Fleisch fest, gut durchwachsen und aromatisch. Es eignet sich hervorragend für große Braten und zum Grillen.

„Vorgewürztes" Lamm
Überall auf der Insel weiden Schafherden, Fleisch wird das ganze Jahr über frisch geliefert. Am besten sind die jungen Milchlämmer und auch die etwas älteren Tiere, die sich bereits an den wilden Kräutern der Wiesen gütlich getan haben.

Kaninchen
In der Jagdsaison gibt es wilde Kaninchen in Mengen, aus der Zucht das ganze Jahr über. Das beste Fleisch bekommt man im Mercat Olivar in Palma oder auf den Märkten, auf denen noch mit Vieh gehandelt wird (z. B. Felanitx, Inca).

Federvieh
Enten, Gänse, Poularden, Perlhühner, Tauben gibt es reichlich. Auf den Märkten findet man hervorragende Qualität. Vor allem Perlhühner sind ausgezeichnet.

Grünzeug
Auf der ganzen Insel wird Gemüse angebaut, im Freien und in großen Gewächshäusern. Neben Tomaten und Kartoffeln findet man Artischocken, Bohnen, Kichererbsen, Zucchini und vor allem Wirsing. Zu Recht berühmt ist der köstliche grüne Spargel, der wild wächst.

Orangen, Zitronen & Co.
Rund ums Jahr reifen reifen hier Orangen und Zitronen. Es ist ein besonderes Erlebnis, wenn die Orangenbäume

gleichzeitig Früchte und Blüten tragen. Typisch sind auch Granatäpfel und Feigen. Um Andraitx, Felanitx, Petrá, Porreres und Manacor sind große Weingüter und Bodegas beheimatet.

Mandeln

Es ist ein wunderbares Bild, wenn sich die Insel im Januar und Februar mit einem weißen Schleier aus Mandelblüten überzieht. Nicht umsonst ist der Mandelkuchen eines der Nationalgerichte der Insel: Über 7000 t feinste Mandeln werden pro Jahr geerntet.

Oliven

Oliven werden in großer Menge auf der ganzen Insel angebaut. Sie kommen frisch, eingelegt und als Öl auf den Markt.

Kräuter

Überall findet man wild wachsenden Thymian, Rosmarin, Lorbeer, Wacholder, Oregano, Salbei und Minze. Im Frühjahr wird Safran geerntet, der sehr gut und preisgünstig ist.

Fisch

Es gibt zwar viel Fisch auf Mallorca, trotzdem hat die Insel keine ausgeprägte Fischertradition. Das reiche Angebot in den Markthallen stammt größtenteils aus dem Import.

Wein

Die Insel hat eine große Weinbautradition, die auf die Römer zurückgeht. Vor allem Rotweine, aber auch eine große Anzahl respektabler Weißweine machen es immer möglich, zum einheimischen Gericht einen passenden Wein zu finden. Die Hauptanbaugebiete sind Andraitx, Felanitx, Petrá, Porreres und Manacor. Weintrauben werden auch frisch oder getrocknet als Rosinen auf den Markt gebracht.

Brot

Viele Bäckereien kommen dem Geschmack der Touristen und der ausländischen Residents entgegen. Typisch mallorquinisch ist ein ungesalzenes dunkles Brot (Pan Moreno), das die Grundlage für die „Sopes mallorquines" bildet. Weit verbreitet ist ebenfalls ein Weißbrot, das dem in Italien mit Olivenöl gebackenen Ciabatta entspricht.

Schafs- und Ziegenkäse

Da sich das Klima von Mallorca schlecht für die Aufbewahrung frischer Milch eignet, hat sich die Käseherstellung früh entwickelt. In der Gegend von Campos wird Käse aus Kuh-, Ziegen- und Schafsmilch hergestellt.

Mallorquinische Wurst

Die typische mallorquinische Wurst ist die Sobrasada, eine intensiv mit Paprika gewürzte Schweinemettwurst, die in vielen mallorquinischen

Gerichten als Zutat auftaucht. Als Ersatz kann man grobe Mettwurst mit Zugabe von Paprikapulver, spanische Chorizo oder ungarische Kolbasz verwenden.

Als zweite große Gruppe findet man Blutwürste, die Sabrasada Butifarron, die ebenfalls in vielen Gerichten Verwendung finden. Da auf Mallorca noch viel privat geschlachtet wird, findet man gute Qualitäten in kleinen Läden auf dem Land.

Gebäck

Eine Übersicht über mallorquinische Produkte wäre unvollständig ohne die Ensaïmadas, ein feines Hefegebäck in Schneckenform. Kein mallorquinisches Frühstück wäre ohne sie denkbar.

Tapas

Jeder, der Spanien kennt, wird die Tapas lieben. Besonders auf Mallorca sollte man unbedingt eine Bar in einem Dorf des Hinterlands oder den Imbissstand im Mercat Olivar in Palma besuchen, um sie zu kosten: kleine Schmorgerichte und Gemüsemischungen, die in kleinen Pfännchen mit Weißbrot und Wein zum Imbiss angeboten werden. Ich habe einmal in Artá in einer winzi-

gen Bar hervorragende Tapas gegessen. Als ich später in Cala Ratjada in einem Restaurant den Wunsch äußerte, als Vorspeise Tapas zu bekommen, war der spanische Kellner fassungslos: „Wir sind seit sechs Jahren hier, aber Tapas wollte noch nie einer!" Auf meinen Einwand hin, dass ich in Artá, kaum 15 km entfernt, hervorragende Tapas genossen hätte, lächelte er verständnisvoll und sage: „Ja, Artá ist ein mallorquinisches Dorf, aber Cala Ratjada ist eine deutsche Stadt!"

Lebensfreude auf Mallorquinisch

Machen Sie zwischendurch
mal Urlaub, und holen sie
sich die ausgefallene und
ideenreiche Küche Mallorcas
nach Hause.

Mallorquinische Bohnensuppe
Cuinat de mongetes

ländlich

- *Für 8 Personen*
- *Zubereitung: ca. 1 Std.*
  (plus 12 Std. Einweichzeit)
- *ca. 360 kcal*
- *Dazu passt Weißbrot*

ZUTATEN

500 g weiße Bohnen

300 g Lammfleisch aus der Keule

300 g Kartoffeln

200 g Karotten

1 Stange Lauch

4 große Fleischtomaten

1 EL Tomatenmark

1,5 l Fleischbrühe

1 Zweig Estragon

1 Zweig Thymian

2 Lorbeerblätter

2 Gewürznelken

5 EL Olivenöl

Salz

schwarzer Pfeffer aus der Mühle

1 Bund glatte Petersilie

1 EL Essig

2 EL saure Sahne

1. Die Bohnen über Nacht in 2 l Wasser einweichen.

2. Am nächsten Tag das Lammfleisch in 1 cm große Würfel schneiden. Kartoffeln und Karotten schälen und ebenfalls in etwa 1 cm große Würfel schneiden. Den Lauch in breite Ringe schneiden, gut waschen und abtropfen lassen. Die Tomaten enthäuten, entkernen und würfeln.

3. Einweichwasser von den Bohnen abgießen. Bohnen in der Fleischbrühe zum Kochen bringen, Kräuterzweige, Lorbeerblätter und Nelken dazugeben. 30 Minuten zugedeckt kochen lassen.

4. In der Zwischenzeit 2 Esslöffel Öl in einer Pfanne erhitzen und das Fleisch anbraten, Tomatenmark dazugeben und kurz durchschmoren. Sofort zu den Bohnen geben.

5. Im restlichen Öl die Kartoffeln rundum goldgelb anbraten.

6. Nach 30 Minuten Kochzeit Gemüse und Kartoffeln zu den Bohnen geben. Hitze reduzieren und offen 20 Mi-

nuten weiter köcheln lassen. Immer wieder umrühren. Salzen und pfeffern.

7. Die Petersilie von den Stielen zupfen und grob hacken. Falls die Suppe zu dick wird, etwas Wasser dazugeben. Zum Schluss mit Essig abschmecken, die saure Sahne und Petersilie unterziehen.

TIPPS

- *Die Suppe soll sehr dickflüssig und sämig sein. Bei mallorquinischen Familienfesten wird die Suppe in einer großen Greixonera auf offenem Feuer gekocht, und während des Garens wird sie immer wieder geprüft, indem man Weißbrot hineinstippt. Die hineinfallenden Krümel machen die Suppe zusätzlich sämig.*
- *Anstatt der frischen Tomaten können Sie auch Tomaten aus der Dose nehmen. Reduzieren Sie dann die Menge der Fleischbrühe entsprechend.*
- *Man trinkt dazu einen kräftigen Rotwein.*

Omelette mit dicken Bohnen
Truita de faves

ländlich-fein

- *Für 4 Personen*
- *Zubereitung: ca. 30 Min.*
- *ca. 520 kcal*

ZUTATEN

1 Stange Lauch

3 Tomaten

50 g Sobrasada

3 Knoblauchzehen

1 Zweig Thymian

1 Zweig Rosmarin

1 Bund glatte Petersilie

5 EL Olivenöl

**250 g frische Saubohnen-
kerne**

Salz, weißer Pfeffer

1 Spritzer Zitronensaft

8 Eier

250 g Quark (40% Fett)

1. Backofen auf 150 °C vorheizen. 4 große Teller zum Vorwärmen hineinstellen.

2. Lauch putzen und in feine Ringe schneiden, waschen und abtropfen lassen. Tomaten waschen, halbieren, entkernen, in schmale Spalten teilen; Tomatenfleisch aus der Haut schneiden und grob würfeln. Die Sobrasada in dünne Scheiben schneiden. Knoblauchzehen fein und Kräuter grob hacken.

3. In einer Pfanne 1 Esslöffel Öl erhitzen, die Bohnen etwa 5 Minuten anbraten. Etwas von den Kräutern dazugeben, aus der Pfanne nehmen und beiseite stellen. Mit dem Lauch ebenso verfahren.

4. Die Sobrasada mit dem Knoblauch in 1 Esslöffel Öl anbraten, Bohnen, Lauch und restliche Kräuter bis auf die Petersilie dazugeben und weich dünsten. Vom Herd nehmen, die Tomaten und die Petersilie bis auf 1 Esslöffel dazugeben. Mit Salz, Pfeffer und Zitronensaft abschmecken.

5. Die Eier trennen. Die Eigelbe mit einer Prise Salz und dem Quark in einer Schüssel verrühren. Die Eiweiße in einer zweiten Schüssel halb steif schlagen. Die Gemüse-Wurst-Masse mit den Eigelben mischen. Eiweiß unterheben.

6. Jeweils 1 Esslöffel Öl in zwei runden beschichteten Pizzaformen oder ofengeeigneten Pfannen (18 cm) auf dem Herd erhitzen. Je ein Viertel der Omelettemasse hineingeben und bei mittlerer Hitze so lange braten, bis die Ränder gestockt sind.

7. Die heißen Teller aus dem Ofen nehmen und mit einem Tuch abdecken. Die Pizzaformen in den Backofen stellen und in 5–6 Minuten goldgelb fertig backen.

8. Die Omelettes zwischen je zwei Tellern warm halten. Zwei weitere Omelettes ebenso zubereiten. Zum Servieren mit der Petersilie bestreuen.

Omelette mit dicken Bohnen

Blechkuchen mit Meeresfrüchten
Coca de marise

Für 4 Personen
Zubereitung: ca. 1 Std. 40 Min.
ca. 370 kcal

ZUTATEN

1 Rezept Hefeteig (s. S. 14)
200 g Tomaten
2 Stangen Lauch
1 Zwiebel
6 Knoblauchzehen
1 Bund glatte Petersilie
100 g Calamares
100 g Miesmuschelfleisch
  (Konserve)
50 g Garnelen
3–4 EL Zitronensaft
Salz, schwarzer Pfeffer
5 EL Olivenöl

1. Hefeteig wie in Rezept Seite 14 zubereiten. In der Zwischenzeit die Tomaten entkernen und in Würfel schneiden. Den Lauch putzen, in feine Ringe schneiden, waschen und abtropfen lassen. Die Zwiebel schälen und fein würfeln. Den Knoblauch schälen, fein hacken. Die Petersilie grob hacken.

2. Die Calamares waschen und in schmale Ringe schneiden. Die Muscheln und Garnelen abgießen, wässern und abtropfen lassen.

3. Backofen auf 180 °C vorheizen. 2 Esslöffel Öl in einer großen Pfanne erhitzen und

alles Gemüse mit den Meeresfrüchten etwa 2 Minuten schmoren. Den Zitronensaft darüber träufeln.

4. Ein Backblech ölen. Den Teig auf das Backblech legen und mit der Hand auseinander ziehen, bis die gesamte Fläche gleichmäßig bedeckt ist und ein Rand übersteht.

5. Gemüse und Meeresfrüchte auf dem Teig verteilen. Den Teigrand nach innen klappen und leicht andrücken. Mit dem restlichen Öl beträufeln und 40 Minuten backen.

Gemüsekuchen
Coca de verdures

- *Ergibt 12 Stücke*
- *Zubereitung: ca. 1 Std. 20 Min.*
- *ca. 400 kcal*

ZUTATEN

Für den Teig

500 g Mehl
30 g Hefe
1 Msp. Zucker
1 Msp. Salz
etwas Wasser
200 ml Olivenöl

Für den Belag

200 g frischer Spinat
200 g Tomaten
200 g grüne Paprika
2 Lauchstangen
6 Knoblauchzehen
1 Bund glatte Petersilie
1 Peperoni
1/2 Zitrone
8 EL Olivenöl
Salz
schwarzer Pfeffer

1. Mehl in eine Schüssel sieben, eine Mulde hineindrücken, die Hefe hineinbröseln und den Zucker darüber streuen. Mit ein wenig lauwarmem Wasser und etwas Mehl vom Rand einen Vorteig rühren. Mit einem Tuch abdecken und etwa 20 Minuten an einem warmen Ort gehen lassen.

2. Das restliche Mehl sowie 200 ml Öl und Salz dazugeben, zu einem geschmeidigen Teig verkneten. Noch einmal 20 Minuten zugedeckt gehen lassen.

3. In der Zwischenzeit den Spinat putzen, waschen und in 1/2 Tasse leicht gesalzenem kochendem Wasser in 30 Sekunden zusammenfallen lassen, gut ausdrücken.

4. Die Tomaten waschen, entkernen und würfeln. Paprikaschoten waschen, halbieren und in feine Streifen schneiden.

5. Von den Lauchstangen die groben grünen Teile entfernen. Lauch quer in schmale Ringe schneiden, waschen und gut abtropfen lassen. Den Knoblauch fein und die Petersilie grob hacken.

6. Backofen auf 180 °C vorheizen. 5 Esslöffel Öl in einer großen Pfanne erhitzen und alles Gemüse etwa 2 Minuten anschmoren. Salzen, pfeffern und mit dem Saft der halben Zitrone würzen. Zum Schluss die Petersilie darunter mischen.

7. Den Teig leicht ausrollen und auf ein mit 1 Esslöffel Öl gefettetes Backblech legen. Eventuell den Teig auseinander ziehen, bis das ganze Blech gleichmäßig bedeckt ist.

8. Das Gemüse auf dem Teig verteilen. Mit 2 Esslöffeln Öl beträufeln und etwa 40 Minuten backen.

Tintenfisch auf Salat
Sepies amb ensalada

- *Für 6 Personen*
- *Zubereitung: ca. 45 Min.*
- *ca. 320 kcal*
- *Dazu passt Weißbrot*

ZUTATEN

400 g kleine Calamares

2 Eier

3 EL Mehl

1/8 l Wasser oder Bier

Schale von 1/2 Zitrone

Salz, schwarzer Pfeffer

1/2 Kopf grüner Salat

1/2 Kopf Lollo rosso

100 g schwarze Oliven

2 Knoblauchzehen

2 EL Mayonnaise

3 EL Olivenöl

Zitronensaft

1/2 l Olivenöl zum Fritieren

1. Die Calamares putzen und in dünne Ringe schneiden.

2. Aus Eiern, 2 Eßlöffeln Mehl, Wasser oder Bier, der abgeriebenen Zitronenschale, Salz und Pfeffer einen glatten Ausbackteig rühren. Mindestens 10 Minuten quellen lassen.

3. Den grünen Salat und den Lollo rosso waschen und in mundgerechte Stücke reißen. Die Oliven entkernen und in feine Streifen schneiden, Knoblauchzehen zerdrücken.

4. Aus Mayonnaise, 3 Esslöffeln Öl und Knoblauch eine Salatsauce rühren. Mit ein paar Spritzern Zitronensaft würzen und mit dem Mixstab aufschlagen.

3. In einem Fritiertopf 1/2 l Öl erhitzen. Die Calamares mit dem restlichen Mehl bestäuben, in den Teig geben und mit einem weitmaschigen Schaumlöffel herausholen. Im Öl goldgelb fritieren. Mit einem zweiten Schaumlöffel aus dem Öl nehmen und auf Küchenpapier abtropfen lassen.

4. Den Salat auf einer Platte anrichten, Salatmayonnaise darüber verteilen, mit den Oliven bestreuen. Die Calamares darauf anrichten.

TYPISCH MALLORQUINISCH

Die typischen mallorquinischen Gerichte sind einfach und rustikal. Die Küche der Hausfrau verfügt über eine große Palette landestypischer Zutaten, die selten – z. B. mit Sahne oder Butter – verfeinert werden. Natürlich wandelt sich auch auf Mallorca die Küche mit der Zeit, man findet durchaus feine Restaurants. Die alte mallorquinische Küche ist jedoch eine bodenständige Bauernküche.

Gemüsesuppe auf Brot
Sopes mallorquines

- *Für 6 Personen*
- *Zubereitung: ca. 1 Std.*
- *ca. 350 kcal*
- *Dazu passen Kartoffeln oder Weißbrot*

ZUTATEN

100 g italienisches Weißbrot

8 EL Olivenöl

1 kleiner Blumenkohl

1 Zwiebel

1 rote Paprikaschote

1 gelbe Paprikaschote

600 g Wirsing

500 g Blattspinat

150 g grüne Bohnen

2 Tomaten

80 g schwarze Oliven

1 Bund glatte Petersilie

2 kleine Knoblauchknollen

100 g TK-Erbsen

$\frac{1}{8}$ l Weißwein

1 TL Suppenpaste

1 TL süßer Paprika

Salz

1. Das Brot in dünne Scheiben schneiden, den Boden einer Greixonera damit auslegen und mit 2 Esslöffeln Olivenöl beträufeln. Beiseite stellen.

2. Blumenkohl putzen und in Röschen teilen. In reichlich Salzwasser in etwa 15 Minuten bissfest kochen, herausnehmen.

3. Die Zwiebel grob hacken, die Paprika in dünne Streifen schneiden. Wirsing und Spinat in breite Streifen schneiden, die Bohnen in etwa 4 cm lange Stücke brechen. Die Tomaten enthäuten, entkernen und würfeln. Oliven und Petersilie grob hacken, die Knoblauchknollen von der äußeren Schale befreien und in Zehen zerlegen. Eine Zehe schälen und zerquetschen.

4. In einem großen Topf 4 Esslöffel Öl erhitzen, Zwiebelwürfel und zerquetschte Knoblauchzehe darin anbraten. Wirsing, Bohnen, Spinat, Erbsen und 1 Tasse Wasser dazugeben und gut durchschmoren. Noch $\frac{1}{2}$ l Wasser dazugeben und etwa 30 Mi-

nuten sanft schmoren. Backofen auf 175 °C vorheizen.

5. Paprika und Blumenkohlröschen dazugeben und etwa 6 Minuten mitgaren. Danach Tomatenwürfel, Oliven und Petersilie darunter mischen. Das Gemüse mit dem Schaumlöffel in die Greixonera schichten.

6. Die Flüssigkeit mit Suppenpaste, Paprikapulver und etwas Salz würzen, Wein dazugeben und auf die Hälfte einkochen lassen. Über das Gemüse gießen.

7. Im Backofen etwa 20 Minuten ziehen lassen. In der Zwischenzeit das restliche Öl sehr heiß werden lassen und die ungeschälten Knoblauchzehen darin goldgelb fritieren. Das Gericht damit bestreuen und servieren.

- *Nehmen Sie für die Sopes mallorquines auf jeden Fall italienisches Weißbrot (z. B. Ciabatta). Es ist mit Olivenöl gebacken und hat eine ganz andere Krume als normales Weißbrot. Sie bekommen es bei jedem guten Bäcker.*

Leber-Gemüse-Pfanne

Leber-Gemüse-Pfanne
Frit mallorquí

- *Für 4 Personen*
- *Zubereitung: ca. 30 Min.*
- *ca. 300 kcal*

ZUTATEN

200 g Zucchini
1 Stange Lauch
2 Fleischtomaten
1 Zweig Thymian
1 Zweig Rosmarin
1 Bund glatte Petersilie
400 g Rinderleber
4 EL Olivenöl
1/2 TL Salz
1 Pr. schwarzer Pfeffer
1 EL Honig
Saft von 1/2 Zitrone
1 EL saure Sahne

1. Gemüse putzen und waschen. Zucchini halbieren und das Innere mit einem Löffel entfernen. Den Lauch der Länge nach vierteln. Die Tomaten enthäuten und entkernen. Alles in mundgerechte Stücke schneiden.

2. Die Kräuter von den Zweigen streifen. Thymian und Rosmarin fein, Petersilie grob hacken. Die Rinderleber in fingerlange und -dicke Streifen schneiden.

3. Jede Gemüsesorte separat in 1 Esslöffel Öl anbraten. Dabei immer mit etwas Thymian, Rosmarin, Salz und Pfeffer würzen. Zum Schluss in der Pfanne mischen. Zugedeckt warm halten.

4. In einer anderen Pfanne 1 Esslöffel Öl mit dem Honig erhitzen, bis der Honig zu karamellisieren beginnt. Die Leberstreifen etwa 2 Minuten darin auf allen Seiten knusprig braten. Auf das Gemüse geben, leicht salzen und zugedeckt warm halten.

5. Bratrückstände mit Zitronensaft und Sahne zu einer hellbraunen Sauce kochen. Salzen, pfeffern. Vorsichtig unter Gemüse und Leber mischen. Das Ganze mit der Petersilie bestreuen.

Kaninchenrücken mit Trauben
Conill amb raïm

- *Für 4 Personen*
- *Zubereitung: ca. 45 Min.*
- *ca. 550 kcal*

ZUTATEN

100 g frischer Spinat
100 g Sobrasada
200 g weiße kernlose
   Trauben
1 rote Peperoni
Salz, weißer Pfeffer
1 ausgelöster Kaninchen-
   rücken mit den Bauch-
   lappen
400 g Kartoffeln
1 kleine Zwiebel
2 frische Lorbeerblätter
50 g geschälte Mandeln
4 EL Olivenöl
2 EL Butter

1. Spinatblätter von den Stielen befreien und in $1/2$ Tasse kochendem Salzwasser zusammenfallen lassen. Herausnehmen, auf einem Küchentuch ausbreiten und abtropfen lassen.

2. Die Sobrasada ohne Haut grob zerpflücken, mit einer Hand voll Trauben in eine Schüssel geben. Mit dem Mixstab zu einer Farce verarbeiten. Die Peperoni entkernen, sehr fein hacken und mit der Farce vermengen. Salzen und pfeffern.

3. Backofen auf 80 °C vorheizen. Den Kaninchenrücken in etwa 15 cm lange Stücke teilen und so hinlegen, dass die Bauchlappen flach ausgebreitet sind. Leicht salzen. Die Bauchlappen mit den Spinatblättern belegen und dünn mit der Farce bestreichen. Die Bauchlappen um die Filets wickeln und mit einem Zahnstocher feststecken.

4. Kartoffeln schälen und in 1 cm große Würfel schneiden. Zwiebel und Lorbeerblätter fein hacken. Restliche Trauben halbieren, Mandeln grob hacken.

5. In einer großen Pfanne 3 Esslöffel Öl und 1 Esslöffel Butter erhitzen. Kartoffeln, Zwiebel und Lorbeerblätter hineingeben, salzen, pfeffern und bei mäßiger Hitze etwa 12 Minuten von allen Seiten braten, bis sie goldbraun und gar sind.

6. In einer zweiten Pfanne 1 Esslöffel Öl und 1 Esslöffel Butter erhitzen und die Kaninchenfilets bei mittlerer Hitze von allen Seiten in etwa 5 Minuten gut braun braten. Herausnehmen, Zahnstocher entfernen, in Alufolie packen und im Ofen bis zur Fertigstellung der Kartoffeln ruhen lassen.

7. Wenn die Kartoffeln fast gar sind, Trauben und Mandeln dazugeben und noch etwas mitbraten. Zugedeckt warm halten.

8. Kartoffeln auf vorgewärmte Teller verteilen. Die Filetpäckchen aus dem Ofen nehmen, vorsichtig öffnen und den ausgetretenen Bratensaft über die Kartoffeln geben. Filets schräg in dicke Scheiben schneiden und auf den Kartoffeln anrichten.

TIPPS

- *Achten Sie darauf, dass die Folienpäckchen mit der Naht nach oben im Ofen liegen. So kann der Saft nicht austreten.*
- *Wenn Sie keine frischen Lorbeerblätter bekommen, verwenden Sie frischen Rosmarin.*

Taubenbrüstchen mit Knoblauchkartoffeln
Pechuga de colom amb all i patates

edel

- *Für 4 Personen*
- *Zubereitung: ca. 1 Std.*
- *ca. 620 kcal*

ZUTATEN

1 Knolle junger Knoblauch
8 EL Olivenöl
3 Lorbeerblätter
1 Msp. Senf
weißer Pfeffer
4 Taubenbrüste
3 gelbe Paprikaschoten
100 g Lauch
1 Bund glatte Petersilie
4 große Kartoffeln
1 l Wildfond
2 EL Madeira
Salz
1 EL Honig

1. Die Knoblauchknolle in Zehen teilen. 1 kleine Zehe schälen und zerdrücken. Aus 1 Esslöffel Öl, 1 zerbröselten Lorbeerblatt, der zerdrückten Knoblauchzehe, 1 Msp. Senf und 1 Prise Pfeffer eine Marinade rühren. Die Taubenbrüste damit einreiben. Etwa 2 Stunden kühl stellen und ziehen lassen.

2. Die Paprikaschoten halbieren, entkernen und in 1 cm schmale Streifen schneiden. Mit einem scharfen kleinen Messer aus der Haut schneiden, würfeln. Den Lauch putzen und in feine Würfel schneiden. Zwei Knoblauchzehen schälen und zerdrücken. Die Petersilie grob hacken. Kartoffeln schälen und in etwa 1 cm große Würfel schneiden.

3. Den Wildfond bei mittlerer Hitze auf etwa 1/4 l Jus einkochen lassen und mit dem Madeira aromatisieren.

4. In der Zwischenzeit die Kartoffelwürfel mit Lorbeer in 2 Esslöffeln Öl in etwa 10 Minuten goldgelb und bissfest braten, dann salzen. Paprika, Lauch und die 2 zerdrückten Knoblauchzehen dazugeben. Noch 2 bis 3 Minuten weiterbraten. Mit Pfeffer würzen. Warm halten.

5. Die Taubenbrüstchen aus der Marinade nehmen und mit Küchenpapier trockentupfen. Von allen Seiten leicht salzen. 2 Esslöffel Öl mit dem Honig erhitzen, bis er leicht zu karamellisieren beginnt, und Fleisch darin bei milder Hitze von beiden Seiten etwa 2 Minuten braten. Herausnehmen, in Alufolie einschlagen und warmgestellt ruhen lassen. Den Bratfond sofort mit dem Wildjus ablöschen und dickflüssig einkochen lassen.

6. Die restlichen ungeschälten Knoblauchzehen in 3 Esslöffeln Olivenöl etwa 2 Minuten knusprig fritieren. Mit dem Schaumlöffel herausnehmen, abtropfen lassen und unter das Gemüse mischen.

7. Das gebratene Gemüse mit etwa der Hälfte des Jus vermischen und mit der glatten Petersilie bestreuen.

8. Die Brüstchen aus der Folie nehmen, in dünne Scheiben schneiden und auf dem Gemüse anrichten. Ausgetretenen Saft aus der Folie unter den restlichen Jus mischen und in vorgewärmter Sauciere separat servieren.

TIPP

- *Statt Tauben können Sie auch Perlhuhn verwenden. Sie brauchen dazu die Brüste von einem Perlhuhn und müssen die Bratzeit auf etwa 4 Minuten pro Seite verlängern.*

Tintenfisch mit fritiertem Knoblauch
Sepia amb all frit

- *Für 4 Personen*
- *Zubereitung: ca. 30 Min.*
- *ca. 550 kcal*

ZUTATEN

400 g mittelgroße Cala-
mares (ca. 6 cm lang)
Saft von ½ Zitrone
3 Knoblauchknollen
4 große Kartoffeln
12 Blätter Salbei
3 EL Olivenöl
1 EL Butter
Salz, schwarzer Pfeffer
150 ml Olivenöl zum
Fritieren

TIPPS

- *Die richtige Fritierzeit des Knoblauchs hängt von der Temperatur des Öls und der Größe der Zehen ab. Die Schalen müssen goldbraun sein und die Zehen noch Biss haben. Probieren Sie das einfach mit einer Zehe vorher aus.*
- *Gießen Sie das Fritieröl nachher nicht weg. Bepinseln Sie ein paar Weißbrotscheiben oder halbierte Baguettes damit, streichen Sie ein wenig Tomatenmark darüber und backen Sie sie 6 bis 8 Minuten bei 220 °C im Ofen. Köstlich!*

1. Die Calamares, wenn nötig, ausnehmen, die äußere Haut abziehen und den weißen Körper in schmale Ringe schneiden. Mit etwas Zitronensaft marinieren, leicht salzen.

2. Die Knoblauchknolle in Zehen zerlegen. 2 Zehen schälen und sehr fein hacken. Kartoffeln schälen und in kleine Würfel schneiden. 4 Salbeiblätter fein hacken.

3. Backofen auf 80 °C vorheizen. 2 Esslöffel Öl in einer Pfanne erhitzen, gehackten Knoblauch und Calamares dazugeben. Etwa 5 Minuten braten, salzen und mit etwas Zitronensaft beträufeln. Braten, bis alle Flüssigkeit verdunstet ist. In einer Schüssel oder Greixonera im Ofen warm halten.

4. In der Pfanne 1 Esslöffel Öl mit der Butter erhitzen. Kartoffeln und Salbei hineingeben, salzen, pfeffern und etwa 5 Minuten von allen Seiten braten. Unter die Calamares mischen.

5. In einer kleinen Pfanne 150 ml Öl erhitzen und die ungeschälten Knoblauchzehen darin bei kräftiger Hitze 2 bis 3 Minuten fritieren. Calamares mit den restlichen Salbeiblättern und dem Knoblauch garnieren.

BOHNEN

Im Rezept rechts werden frische grüne Bohnenkerne verwendet, die auch Sau-, Acker- oder dicke Bohnen genannt werden. Sie sind – kaum geerntet – so herrlich zart, dass es leicht ist, mit ihnen wirklich exquisite Gerichte herzustellen. Sie müssen nicht gewässert werden und verlieren damit auch keine Vitamine.

Tintenfisch mit fritiertem Knoblauch

Geschmorte dicke Bohnen
Estofat de faves

- *Für 8 Personen*
- *Zubereitung: ca. 30 Min.*
- *ca. 350 kcal*

ZUTATEN

1 Bund Frühlingszwiebeln
2 Knoblauchzehen
5 Zweige glatte Petersilie
3 Zweige Estragon
200 g gekochter Schinken
800 g junge dicke Bohnen
400 ml Gemüsebrühe
⅛ l Schmand oder
**   Crème fraîche**
Salz, weißer Pfeffer
2 Eigelb
1 EL guter Weinessig

1. Frühlingszwiebeln in feine Ringe schneiden, den Knoblauch sehr fein hacken. Die Petersilie grob hacken, die Estragonblätter vom Zweig streifen und fein hacken. Den Schinken in schmale Streifen schneiden.

2. Die Bohnen mit der Hälfte der Gemüsebrühe zum Kochen bringen und auf kleiner Flamme etwa 8 Minuten köcheln, bis die Flüssigkeit verdampft ist. Die Frühlingszwiebeln und den Knoblauch dazugeben und anschmoren. Etwas Brühe dazugeben und wieder einköcheln lassen. Petersilie und Estragon darunter mischen. Immer wieder etwas Brühe dazugeben, bis die Brühe fast ganz verbraucht ist.

3. Mit dem Schmand binden, salzen und pfeffern. Vom Feuer nehmen und zwei Eigelbe unterrühren. Nach Geschmack mit Essig würzen und Schinkenstreifen unterheben.

TIPP

- *Auf den Bauernhöfen wird das Gericht mit Holzlöffeln aus der Schüssel gegessen. Dazu passt ein nicht zu trockener Rosé, ein leichtes Bier oder stilles Mineralwasser.*

Paprika-Eier-Salat
Ensalada de pebres amb all i ou

- *Für 4 Personen*
- *Zubereitung: ca. 30 Min.*
- *ca. 430 kcal*
- *Dazu passt geröstetes italienisches Weißbrot*

ZUTATEN

4 Eier

2 Knoblauchknollen

1 kleine Zwiebel

6 EL Gemüsefond

1 EL guter Essig

½ TL Senf

8 EL Olivenöl

1 Msp. Salz

1 Msp. Zucker

1 Msp. weißer Pfeffer

2 rote Paprikaschoten

2 gelbe Paprikaschoten

2 grüne Paprikaschoten

1 Peperonischote (frisch, ersatzweise eingelegt)

½ Salatgurke

1 Bund glatte Petersilie

1. Die Eier in 10 Minuten hart kochen. Den Knoblauch in Zehen zerlegen. Zwei Zehen zerdrücken. Die Zwiebel schälen und sehr fein hacken. Gemüsefond mit Essig, Senf, 5 Esslöffeln Öl, Salz, Pfeffer, Zucker und dem zerdrücken Knoblauch mit dem Mixstab zu einer Vinaigrette aufschlagen. Die Zwiebeln dazugeben.

2. Die Paprikaschoten vierteln, von den Kernen und weißen Innenwänden befreien und in dünne Streifen schneiden. Die Peperonischote ebenso behandeln. Die Salatgurke waschen, halbieren, mit einem Löffel entkernen und in dünne Scheiben schneiden. Alles in einer Schüssel mischen. Die Eier grob hacken. Petersilienblätter von den Zweigen zupfen und ebenfalls grob hacken.

3. Das restliche Öl in einer Kasserolle erhitzen und die Knoblauchzehen ungeschält darin knusprig fritieren. Herausnehmen und auf Küchenpapier abtropfen lassen.

4. Den Salat auf einer flachen Schale anrichten, die Vinaigrette darüber gießen, die gehackten Eier darüber verteilen und die fritierten Knoblauchzehen darauf anrichten. Das Ganze mit Petersilie bestreuen.

- *Wenn Sie den Salat eine Spur „feiner" machen wollen, gießen Sie die Salatsauce durch ein Sieb und werfen die Zwiebeln weg.*
- *Wenn Ihnen die Peperoni zu scharf ist, dann hacken Sie sie sehr fein und lassen sie in der Sauce ziehen, dann abseihen.*

Peperoni sind die grünen oder roten Gewürzpaprikaschoten. Sie sind sehr scharf und werden roh oder in Essig eingelegt angeboten. Getrocknet heißen sie Chilis. Cayennepfeffer ist eine Abart davon. Hauptherkunftsländer sind Südamerika, die USA, Westafrika und Indien.

Spinat mit Knoblauch und Weißbrot
Espinats amb all i pa

ganz einfach

- *Für 4 Personen*
- *Zubereitung: ca. 30 Min.*
- *ca. 500 kcal*

ZUTATEN

1 kg frischer Spinat
12 Scheiben italienisches Weißbrot
6 Zehen Knoblauch
6 Eier
5 EL Olivenöl
2 EL Milch
Salz
weißer Pfeffer
½ Zitrone
2 EL Butter

1. Den Spinat von den Stielen befreien, waschen und abtropfen lassen. Das Weißbrot entrinden und in 1 cm große Würfel schneiden. Die Hälfte des Knoblauchs in feinste Würfel schneiden (2 mm), die andere Hälfte zerdrücken.

2. Zwei Eier trennen (Eiweiße anderweitig verwenden). Die Eigelbe mit 2 Teelöffeln handwarmem Wasser dickcremig rühren und nach und nach 2 EL Olivenöl dazugeben. Den zerdrückten Knoblauch dazugeben. Leicht salzen.

3. Etwa ¼ l Wasser mit ½ Teelöffel Salz zum Kochen bringen. Den Spinat darin zusammenfallen lassen. Das Wasser abgießen und den Spinat gut ausdrücken. Beiseite stellen. Backofen auf 200 °C vorheizen.

4. Die Weißbrotwürfel mit Knoblauchwürfeln in 3 Esslöffeln Olivenöl knusprig goldgelb braten. Von einer halben Zitrone die Schale abreiben und darüber streuen.

5. Eine feuerfeste Form (Greixonera) ausbuttern. Die Brotwürfel in der Form verteilen, den Spinat darauf schichten.

6. Milch mit 4 Eiern verqirlen, mit Salz und Pfeffer würzen. Mit der Knoblauchmayonnaise und dem Saft der halben Zitrone schaumig verrühren und über den Spinat gießen. Mit Butterflöckchen besetzen.

7. Im heißen Backofen etwa 10 Minuten backen, bis die Eimasse gestockt und goldgelb ist.

TIPP

- *Greixoneras gibt es auf Mallorca in allen Größen. Sie bekommen Sie überall auf den Märkten. Nehmen Sie eine, gut in Zeitungspapier eingepackt, im Handgepäck mit.*

Spinat mit Knoblauch und Weißbrot

Mallorquinischer Kohltopf
Sopes de col

- *Für 4 Personen*
- *Zubereitung: ca. 50 Min.*
- *ca. 740 kcal*

ZUTATEN

1 mittelgroßer Kopf Wirsing
1 Stange Lauch
2 große Gemüsezwiebeln
3 Knoblauchzehen
200 g Bauchspeck
200 g Sobrasada
2 EL Schweineschmalz
1 EL Paprikapulver
½ l Fleischbrühe
Salz
1 Bund glatte Petersilie
2 Fleischtomaten
1 EL Schmand

1. Den Wirsing putzen, vierteln, Strunk entfernen; quer in 1 cm breite Streifen schneiden. Den Lauch putzen und in breite Ringe schneiden, beides waschen und abtropfen lassen. Die Zwiebeln schälen und in mittelfeine Ringe schneiden. Knoblauch schälen und zerdrücken. Den Speck in dünne Streifen, die Sobrasada in dicke Scheiben schneiden.

2. Das Schmalz in einem Bräter erhitzen, Speck, Zwiebeln und Knoblauch darin anschwitzen. Wirsing und Paprika dazugeben und etwas durchschmoren. Mit der Brühe ablöschen und die Sobrasada dazugeben, salzen. Hitze reduzieren und zugedeckt etwa 20 Minuten schmoren lassen.

3. In der Zwischenzeit die Petersilie grob hacken. Die Tomaten enthäuten, entkernen und würfeln. Den Schmand mit etwas Wasser glatt rühren. Wenn der Wirsing knapp gar ist, Schmand und Tomatenwürfel darunter heben, durchrühren und noch 5 Minuten schmoren. Petersilie unterrühren.

Lammpasteten
Empanades de xot

- *Für 4 Personen*
- *Zubereitung: ca. 2 Std. 45 Min.*
- *ca. 1550 kcal*

ZUTATEN

Für den Teig

250 g Butter
2 Eigelb
500 g Mehl
6 EL Weißwein
6 EL Olivenöl

Für die Füllung

50 g Rosinen
2 EL Weißwein
150 g Lammfleisch aus der Keule
100 g fetter Speck
150 g Sobrasada
½ TL Senf
1 TL Thymian
Salz, schwarzer Pfeffer
1 Eigelb

1. Rosinen in Wein einlegen und zugedeckt etwa 1 Stunde ziehen lassen.

2. Die Butter mit den Eigelben schaumig rühren. Mehl und Wein damit vermengen und alles zu einem glatten Teig verkneten. Nach und nach das Öl einkneten. Den Teig in Folie einschlagen und im Kühlschrank bis zur Weiterverwendung ruhen lassen.

3. Lammfleisch und Speck in kleine Würfel schneiden und in eine Schüssel geben. Die Sobrasada zerpflücken und dazugeben. Mit Senf, Thymian, Salz und Pfeffer kräftig würzen. Die Rosinen abtropfen lassen und alles vermischen.

4. Backofen auf 180 °C vorheizen. Den Teig in 9 Stücke teilen. 8 Teile rund ausrollen (etwa 15 cm ø). Füllung in die Mitte von 4 Teigstücken verteilen. Die Ränder mit etwas Wasser bestreichen. Jeweils 1 Teigstück darüber legen und gut andrücken.

Aus dem letzten Teigstück Streifen schneiden und zu Zöpfen drehen. Ringförmig auf den Rand der Pastete setzen.

5. Das Eigelb mit etwas Wasser verrühren und die Pasteten damit bestreichen. Mit einer Gabel Löcher in die Pasteten stechen. Im Backofen 45 Minuten backen.

TIPP

- *Die Pasteten können Sie in größerer Menge herstellen und einfrieren. Tauen Sie sie dann über Nacht auf und wärmen Sie sie im Backofen bei 120 °C etwa 30 Minuten auf. Stellen Sie dazu eine flache Schale mit warmem Wasser in den Ofen.*

Kartoffeltortilla
Truita amb patates

feine Variante

- *Für 4 Personen*
- *Zubereitung: ca. 40 Min.*
- *ca. 870 kcal*

ZUTATEN

900 g Kartoffeln

1 kleine Zwiebel

2–3 Knoblauchzehen

5 Zweige Petersilie

3 EL Olivenöl

Salz

schwarzer Pfeffer

6 Eier

500 g Quark (40% Fett)

1 EL Butter

1. Kartoffeln schälen und in $^1/_2$ cm große Würfel schneiden. Zwiebel und Knoblauchzehen schälen und fein hacken. Petersilienblätter von den Zweigen zupfen und fein hacken.

2. Das Öl in einer großen Pfanne erhitzen und die Kartoffeln von allen Seiten anbraten. Zwiebeln und Knoblauch dazugeben und zugedeckt bei gelegentlichem Rühren etwa 10 Mi-

nuten knusprig braten. Salzen und pfeffern. Die Petersilie bis auf einen kleinen Rest untermischen, offen abkühlen lassen.

3. Die Eier trennen. Den Quark mit den Eigelben schaumig rühren. Die Eiweiß halb steif schlagen und unterheben.

4. Backofen auf 220 °C aufheizen, Rost in die Mitte einschieben. Zwei runde beschichtete Backformen oder ofengeeignete Pfannen leicht ausbuttern.

5. Die Kartoffeln unter den Quarkteig heben, alles in die beiden Formen füllen. Auf dem Feuer bei mittlerer Hitze braten, bis die Ränder leicht zu stocken beginnen. Dann in den Ofen stellen und in etwa 10 Minuten goldgelb aufgehen lassen.

6. Die Tortillas herausnehmen. Mit der restlichen Petersilie bestreuen und servieren.

TIPP

- *Dazu passt hervorragend ein Tomatencoulis: 6 Tomaten enthäuten, entkernen und in Würfel schneiden. 1 Esslöffel Olivenöl in einer Kasserolle erhitzen und die Tomatenwürfel dazugeben, mit Majoran, Salz und Pfeffer würzen und dann 1 bis 2 Minuten dünsten.*

TORTILLAS

Das sind Omelettes, die aus Eiern und weiteren Zutaten wie Kartoffeln oder Gemüse zubereitet werden. Die Übersetzung „Omelette" trifft nicht ganz zu, weil diese wesentlich komplizierter zubereitet sein können als die ländlichen Tortillas. Bei einer Tortilla wird das Ei hauptsächlich dazu verwendet, die anderen Zutaten zu verbinden. Früher hat man Tortillas kalt in ein Kohlblatt gewickelt und mit aufs Feld genommen.

Lammtopf mit Früchten
Xot amb fruites dolces

maurisch

- *Für 4 Personen*
- *Zubereitung: ca. 1 Std. 10 Min.*
- *ca. 920 kcal*
- *Dazu passen in Olivenöl geschwenkte Nudeln*

ZUTATEN

100 g getrocknete Aprikosen
100 g getrocknete Feigen
80 g Rosinen
¼ l Weißwein
800 g Lammkeule ohne Knochen
Mehl zum Bestäuben
1 große Zwiebel
4 Knoblauchzehen
80 g geschälte Mandeln
1 Bund Koriandergrün
4 EL Olivenöl
1 TL Senf
1 Prise Muskat
Salz
schwarzer Pfeffer
¼ l Lammfond
3 EL saure Sahne
2 Eigelb

1. Aprikosen, Feigen und Rosinen über Nacht in Weißwein einlegen.

2. Backofen auf 200 °C vorheizen. Eine Greixonera leicht mit Öl auspinseln.

3. Das Lammfleisch in etwa 5 cm lange, dünne Streifen schneiden, leicht mit Mehl bestäuben, salzen und pfeffern. Zwiebel und Knoblauch schälen, in dünne Scheiben schneiden. Mandeln grob hacken, Koriandergrün klein schneiden.

4. Das Öl erhitzen und das Lammfleisch scharf anbraten, dann den Senf dazugeben und durchrühren. Mit einem Schaumlöffel in die Greixonera umfüllen. Die eingelegten Früchte mit eventuell noch vorhandener Marinade und fast allem Koriander in die Pfanne geben und anschmoren. Gut salzen, pfeffern und Muskat darüber reiben. Den Lammfond zugießen und alles zum Lammfleisch geben. Durchrühren und im Ofen schmoren lassen. Nach 40 Minuten das Fleisch auf den Garzustand prüfen.

5. Wenn das Fleisch weich ist, die saure Sahne mit den Eigelben vermengen – eventuell mit 1 Esslöffel Wasser glatt rühren – und unter das Ragout ziehen. Mit dem restlichen Koriandergrün bestreuen.

TIPP

- *Die Garzeit des Fleisches hängt von der Größe der Streifen ab. Prüfen Sie, ob das Fleisch weich ist, und verlängern Sie eventuell die Garzeit. Beachten Sie aber, dass das Trockenobst bei zu langer Garzeit matschig wird.*

SÜSSE FRÜCHTE

Die Kombination von Früchten mit Fleisch ist eine Hinterlassenschaft der Mauren. Die Säure in den Früchten macht Fleisch besonders mürbe und zart. Das ist auch – neben der interessanten Geschmackskomponente – der Grund, warum in südlichen Ländern viele Fleischgerichte mit Zitronensaft aromatisiert werden.

Kalbszunge mit Kapern und Granatapfel

Llengo de bou amb táperes i magranes

sehr fein

- *Für 4 Personen*
- *Zubereitung: ca. 2 Std.*
- *ca. 580 kcal*
- *Dazu passen Pellkartoffeln*

ZUTATEN

1 Kalbszunge (800 g)
2 Zwiebeln
2 Lorbeerblätter
1 Zitrone
1 Granatapfel
¼ l Weißwein
1 Zimtstange
1 Knoblauchzehe
50 g Kapern
1 EL Butter
1 EL Mehl
1 TL Senf
Salz
schwarzer Pfeffer
50 g harter Schafskäse
  (z. B. Pecorino)
2 EL Schmand oder Crème
  fraîche
1 Eigelb

1. Die Zwiebeln schälen. Eine davon grob zerteilen, die andere fein hacken. Die Zunge gründlich waschen, mit dem Lorbeer, einer halben Zitrone und der grob zerteilten Zwiebel in kaltem Wasser aufsetzen und zum Kochen bringen. Hitze reduzieren und 90 Minuten zugedeckt ziehen lassen.

2. In der Zwischenzeit die Kerne aus dem Granatapfel lösen (Achtung, sie färben stark!). Etwa 2 Esslöffel beiseite stellen. Den Rest mit dem Zimt im Wein aufkochen und etwa 10 Minuten köcheln lassen. Zimt herausnehmen. Saft und Kerne durch ein Sieb streichen, so dass die Kerne zurückbleiben. Kerne wegwerfen.

3. Den Knoblauch schälen und zerdrücken. Die Kapern abgießen und abtropfen lassen. Butter in einer Kasserolle erhitzen, Zwiebeln und Knoblauch darin anschwitzen. Das Mehl dazugeben und etwas schmoren lassen, ohne es zu bräunen. Mit dem Granatapfelsaft ablöschen, Kapern und Senf dazugeben und unter ständigem Rühren

mit dem Schneebesen 12 Minuten ziehen lassen. Salzen und pfeffern. Den Käse fein reiben.

4. Backofen auf 200 °C vorheizen. Die Zunge aus dem Sud nehmen und mit kaltem Wasser abschrecken, sofort häuten. In dicke Scheiben schneiden, diese in die gebutterte Greixonera legen.

5. Den Schmand mit dem Eigelb glatt rühren (eventuell etwas vom Zungensud dazugeben) und über die Zungenscheibe gießen. Den Käse darüber streuen. Mit Butterflöckchen besetzen und im Ofen 10 Minuten goldgelb überkrusten. Mit den restlichen Granatapfelkernen bestreuen.

Auberginen mit Eiern
Alberginies amb ous

- *Für 4 Personen*
- *Zubereitung: ca. 1 Std.*
- *ca. 380 kcal*

ZUTATEN

600 g Kartoffeln
200 ml Olivenöl
3 kleine, feste Auberginen
**1 kleine grüne Paprika-
schote**
1 kleine Knoblauchknolle
**1 kleine Dose geschälte
Tomaten**
1 Zweig Rosmarin
Salz
schwarzer Pfeffer
6 Eier
5 Zweige glatte Petersilie

1. Die Kartoffeln schälen und in dünne Scheiben schneiden. 4 Esslöffel Öl in einer tiefen Pfanne erhitzen und die Kartoffeln darin knusprig braten. Auf Küchenpapier abtropfen lassen.

2. Die Auberginen ungeschält in dünne Scheiben schneiden, salzen. Etwa 10 Minuten ziehen lassen und mit Küchenpapier trockentupfen.

4 Esslöffel Öl erhitzen und die Auberginen von beiden Seiten gut anbraten. Auf Küchenpapier abtropfen lassen.

4. Paprikaschote in dünne Streifen schneiden. Knoblauch in Zehen zerlegen, nicht schälen. Beides nacheinander in 3 Esslöffeln Öl braten.

5. Tomaten durch ein grobes Sieb passieren. Rosmarinnadeln vom Zweig zupfen und fein hacken. Die Hälfte des Öls von den Knoblauchzehen in eine andere Pfanne abgießen, Tomaten und Rosmarin dazugeben und auf etwa die Hälfte einkochen lassen. Backofen auf 180 °C vorheizen.

6. Kartoffeln und Auberginen in mehreren Schichten abwechselnd in die Greixonera legen. Jeweils mit etwas Tomatensauce begießen, salzen und pfeffern. Etwa 30 Minuten im Ofen garen.

7. Am Ende der Schmorzeit die Eier in 2 Esslöffeln Olivenöl zu Spiegeleiern braten.

8. Petersilienblätter abzupfen und grob hacken. Gericht aus dem Ofen nehmen und mit Petersilie bestreuen. Mit den Eiern garnieren.

GREIXONERA

Eine Greixonera – sprich „greschonera" – ist eine runde, innen glasierte Tonschüssel mit leicht gewölbtem Boden. Sie wird in vielen mallorquinischen Rezepten verwendet. Ursprünglich wurde sie direkt auf das Feuer im Herd gesetzt, später in den Backofen gestellt. Wenn Sie keine Greixonera haben, können Sie jede Form aus Ton oder feuerfestem Porzellan nehmen, die groß genug ist. Metallformen haben eine höhere Wärmeleitfähigkeit; wenn Sie eine verwenden, sollten Sie den Garprozess öfter kontrollieren und gegebenenfalls verkürzen.

Auberginen mit Eiern

Ausgebackener grüner Spargel
Espárreas frits

- *Für 4 Personen*
- *Zubereitung: ca. 30 Min.*
- *ca. 550 kcal*

ZUTATEN

1 kg grüner Spargel

2 EL Zucker

3 Eier

4 EL Mehl

150 ml Bier

Schale von 1 Zitrone oder Orange

1 Msp. Muskat

Salz

500 g Schweineschmalz

1. Backofen auf 80 °C vorheizen. Ein Backblech mit Küchenpapier auslegen und hineinschieben. Den Spargel, wenn nötig, im unteren Drittel schälen. 3 l Wasser mit dem Zucker zum Kochen bringen und Spargel darin 2 Minuten blanchieren. Herausnehmen und abtropfen lassen.

2. Die Eier trennen. Aus 4 Esslöffeln Mehl, Eigelb, Bier, abgeriebener Zitronen- oder Orangenschale, Muskat und Salz einen Pfannkuchenteig rühren. Das Eiweiß steif schlagen und unterheben. In eine flache Schale geben.

3. Schmalz in einer hochwandigen Pfanne erhitzen. Den Spargel in Mehl wälzen, mit zwei Gabeln rasch in den Teig tauchen und im heißen Fett goldgelb ausbacken. Auf dem Küchenpapier im Ofen warm halten, bis aller Spargel fertig gebacken ist.

TIPPS

- *Der auf Mallorca wild wachsende grüne Spargel ist sehr dünn und unvergleichlich zart. Da Sie hierzulande meist französischen oder griechischen grünen Spargel bekommen, sollten Sie darauf achten, dünne Stangen zu kaufen.*

Geschmortes Kaninchen mit Mangold
Conill amb bledes

schnell

- *Für 4 Personen*
- *Zubereitung: ca. 1 Std. 30 Min.*
- *ca. 700 kcal*
- *Dazu schmale Bandnudeln*

ZUTATEN

1 Kaninchen (ca. 1–1,2 kg)
Mehl zum Bestäuben
800 g Mangold
2 Tomaten
1 Zwiebel
4 Knoblauchzehen
1 Orange
4 EL Olivenöl
3 frische Lorbeerblätter
1 Prise Zimt
1 Prise Anis
1/4 l Geflügelfond
100 ml Sherry
Salz, schwarzer Pfeffer
30 g Butter

1. Den Backofen auf 180 °C vorheizen und eine gefettete Greixonera hineinstellen.

2. Das Kaninchen waschen – eventuell Innereien entfernen –, trockentupfen und in Portionsstücke zerlegen. Von allen Seiten mit Mehl bestäuben und leicht salzen.

3. Den Mangold waschen, von den Strünken befreien und quer in fingerbreite Streifen schneiden. Die Tomaten entkernen und in Streifen schneiden. Zwiebel und Knoblauch schälen, Zwiebeln grob und Knoblauch fein hacken. Die Orange filetieren, die Häute ausdrücken und Saft auffangen.

4. Das Öl in einer Pfanne erhitzen und die Kaninchenteile rundum gut anbraten. Lorbeerblätter, Knoblauch, Zimt und Anis dazugeben und 1 Minute mitschmoren. Alles in die Greixonera füllen.

5. In der Pfanne Mangold und Tomaten in dem Orangensaft andünsten, salzen und pfeffern. Zu den Kaninchenteilen geben. Den Bratsatz mit Geflügelfond und Sherry ablöschen, unter kräftigem Rühren von der Pfanne lösen und über das Kaninchen gießen. Butterflocken darauf geben und zugedeckt im Ofen etwa 1 Stunde schmoren lassen.

6. Wenn die Innereien vorhanden sind, 1 Esslöffel Öl erhitzen und sie auf allen Seiten schnell bräunen; salzen und pfeffern. Auf den Kaninchenteilen anrichten.

TIPP

- *Trinken Sie dazu einen nicht zu trockenen Weißwein.*

Geschmortes Kaninchen mit Mangold

Schweinelende mit Tomaten und Bohnen
Llom de porc amb all, tomatigues i mongetes

- *Für 4 Personen*
- *Zubereitung: ca. 1 Std. 15 Min.*
- *ca. 370 kcal*
- *Dazu passen Weißbrot oder fritierte Kartoffelscheiben*

ZUTATEN

2 Schweinelenden

Salz, schwarzer Pfeffer

½ TL Zimt

2 Fleischtomaten

300 g grüne Bohnen

4 Zehen Knoblauch

1 Bund frischer Majoran

1 Zitrone

4 EL Olivenöl

1 TL Honig

1. Backofen auf 200 °C vorheizen. Eine Greixonera oder Auflaufform ölen.

2. Die Lenden von eventuellen Häuten befreien, salzen, pfeffern und mit Zimt bestäuben. Tomaten entkernen und in grobe Würfel schneiden. Die Bohnen waschen, putzen und in 3 cm lange Stücke schneiden. Knoblauchzehen schälen und mit einer Gabel zerdrücken. Majoranblätter von den Stielen streifen. Die Zitrone filetieren, dabei den Saft auffangen.

3. In einer Pfanne 2 Esslöffel Öl und den Honig erhitzen und Lenden darin von allen Seiten etwa 2 Minuten bräunen. In die Greixonera legen. Das Gemüse mit den Kräutern in 2 Esslöffeln Öl rasch in der Pfanne durchrösten und auf die Lenden häufen. Wein zugießen, den Bratsatz damit loskochen, eine Kartoffel hineinreiben. Über das Gemüse gießen, mit dem Zitronensaft aromatisieren und im Ofen 30 Minuten schmoren lassen.

4. Die Lenden herausnehmen und quer in dicke Scheiben schneiden. Den Saft dabei auffangen. Saft unter das Gemüse mischen und Lende darauf anrichten. Mit den Zitronenfilets dekorieren.

Gemüsetopf mit Tomaten
Greixonera de tomatigues sofreixides

sommerlich

- *Für 4 Personen*
- *Zubereitung: ca. 50 Min.*
- *ca. 320 kcal*

ZUTATEN

4 mittelgroße Kartoffeln

4 große Karotten

2 kleine Fenchelknollen

2 kleine Zucchini

1 Zweig Rosmarin

1 Zweig Thymian

3 Zehen Knoblauch

2 mittelgroße Zwiebeln

5 EL Olivenöl

Salz, schwarzer Pfeffer

¼ l Gemüsebrühe

4 Fleischtomaten

2 kleine Ziegenkäse

5 Zweige Dill

1. Kartoffeln und Karotten schälen, Fenchel und Zucchini putzen, alles in mundgerechte Würfel schneiden. Rosmarin und Thymian vom Zweig streifen und hacken. Knoblauch und Zwiebeln schälen und fein hacken.

2. Alles Gemüse separat in je 1 Esslöffel Öl anbraten, immer mit etwas Rosmarin, Thymian, Knoblauch, Salz und Pfeffer würzen. Alles in der Pfanne vermengen und Gemüsebrühe zugeben. Offen etwa 10 Minuten schmoren, bis die Flüssigkeit verdampft ist.

3. In der Zwischenzeit die Tomaten enthäuten, entkernen und in große Stücke schneiden. Salzen, pfeffern. Den Ziegenkäse zerkrümeln und mit den Tomaten vermischen. Über das Gemüse verteilen, Pfanne vom Herd ziehen und zugedeckt etwa 5 Minuten ziehen lassen.

4. Den Dill hacken und über das Gericht streuen.

TIPP

- *Sie können das Gemüse mit 2 bis 3 Eigelben legieren. Rühren Sie dazu die Eigelbe mit 1 Teelöffel Wasser glatt, gießen Sie sie über das Gemüse und mischen mit zwei Löffeln durch. Nicht mehr erhitzen. Danach streuen Sie den Dill darüber.*

FLEISCHBRÜHE

In mallorquinischen Küchen steht immer ein großer Topf mit leise siedendem Wasser, in den alle Gemüse- und Fleischreste wandern. Auf diese Weise hat die Hausfrau immer frische Gemüse- oder Fleischbrühe zur Verfügung, mit der sie z. B. Saucen aufgießen oder schmorendes Fleisch begießen kann. Wenn Sie es besonders gut machen wollen oder größere Menüs zubereiten, können Sie ebenfalls ihre eigene Brühe zubereiten. Im „Normalfall" können Sie natürlich auf Brühwürfel zurückgreifen.

Gemüsetopf mit Tomaten

Gemüsetöpfchen vom Land
Guisat de verdures

- *Für 4 Personen*
- *Zubereitung: ca. 45 Min.*
- *ca. 360 kcal*

ZUTATEN

400 g Zucchini

3 große Fleischtomaten

1 rote und 1 gelbe Paprikaschote

1 Fenchelknolle

1 große Zwiebel

4 Knoblauchzehen

1 Zweig Rosmarin

1 Zweig Thymian

400 g Kartoffeln

¼ l Gemüsebrühe

1 Bund glatte Petersilie

5–6 EL Olivenöl

Salz, schwarzer Pfeffer

1 EL Butter

2 Eigelb

1. Die Gemüse waschen. Die Zucchini halbieren und das Innere mit einem Löffel entfernen. Tomaten und Paprikaschoten entkernen. Alles in mundgerechte Stücke schneiden. Den Fenchel in dünne Scheiben schneiden. Zwiebeln und Knoblauch schälen, fein hacken. Rosmarin- und Thymianblätter fein hacken. Die Kartoffeln schälen und in 1 cm große Würfel schneiden. Die Brühe erhitzen. Die Petersilienblätter hacken.

2. Backofen auf 100 °C vorheizen und eine leicht gebutterte Greixonera hineinstellen. In einer Pfanne jede Gemüsesorte separat mit etwas Öl so lange schmoren, bis sie gar ist, aber noch Biss hat. Dabei immer etwas Rosmarin, Thymian, Zwiebeln, Knoblauch und ein wenig Brühe dazugeben, salzen und pfeffern. Jeweils so lange köcheln, bis alle Flüssigkeit verdampft ist. Nacheinander in die Greixonera schichten.

3. Butter, restlichen Fond und rohe Eigelbe unter das Gemüse ziehen. Mit der Petersilie bestreuen.

Hackfleischauflauf
Carn picada amb pa i tomatigues

schnell

- *Für 4 Personen*
- *Zubereitung: ca. 1 Std.*
- *ca. 970 kcal*

ZUTATEN

800 g gemischtes Hackfleisch

1 Zwiebel

4 Knoblauchzehen

1 TL Senf

1 EL Tomatenmark

1 EL Majoran

1/2 TL Kardamom

Salz, schwarzer Pfeffer

1/8 l Olivenöl

1 Bund glatte Petersilie

200 g Käse zum Reiben (z. B. Gouda)

100 g schwarze Oliven

6 Fleischtomaten

etwa 20 dünne Scheiben Weißbrot

1 EL Butter

1. Das Hackfleisch in eine Schüssel geben. Zwiebel und Knoblauch schälen, fein hacken und mit Senf, Tomatenmark, Majoran, Kardamom, Salz und Pfeffer zum Fleisch geben. Gut vermengen. 2 Esslöffel Öl in einer Pfanne erhitzen und das Fleisch kurz anbraten.

2. Backofen auf 220 °C vorheizen. Eine Greixonera leicht mit Öl auspinseln. Petersilie hacken, den Käse reiben, Oliven entkernen und hacken. Die Tomaten in Scheiben schneiden und pfeffern.

3. Das Weißbrot großzügig mit Olivenöl bepinseln und auf einem Rost im Ofen etwa 6 Minuten knusprig backen.

4. Brot, Tomaten, Oliven und Fleisch abwechselnd in mehreren Lagen in die Greixonera schichten. Auf jede Lage Tomaten und etwas Petersilie geben, so dass noch etwa 1/3 Petersilie übrig bleibt. Zuletzt mit dem geriebenen Käse bestreuen und mit Butterflöckchen besetzen.

5. Im Ofen 30 Minuten goldgelb überbacken. Zum Servieren mit der restlichen Petersilie bestreuen.

TIPP

- *Eine Tonform wie die Greixonera sollte nie ohne Inhalt in den heißen Ofen gestellt werden, sie könnte sonst springen. Der Inhalt nimmt die Wärme auf und verteilt sie gleichmäßig über das Gefäß. In unseren Rezepten werden Tonformen leer im Ofen nur vorgewärmt, wobei die Temperatur 100 °C nicht übersteigt.*

CALDERETA

Die Caldereta ist neben der Greixonera der zweite typisch mallorquinische Tontopf in der Küche. Auch sie hat einen gewölbten Boden und wurde früher aufs offene Feuer gesetzt. Die Caldereta ist höher und bauchiger als die schalenförmige Greixonera und wird für Suppen und dünnflüssigere Schmorgerichte verwendet.

Bohnenauflauf mit Huhn und Orangen
Truita de faves amb pollastre i taronge

raffiniert

- *Für 6 Personen*
- *Zubereitung: ca. 1 Std. 20 Min.*
- *ca. 750 kcal*

ZUTATEN

1 Suppenhuhn (ca. 1 kg)

1 EL Mehl

2 unbehandelte Orangen

100 g Bauchspeck

500 g grüne Bohnen

1 Zwiebel

500 g Kartoffeln

4 EL Olivenöl

Salz

schwarzer Pfeffer

1 TL süßer Paprika

1 TL Tomatenmark

4 Eigelb

1/8 l Sahne

1 TL Senf

Butter

1. Das Huhn in 10 bis 12 Teile zerlegen. Die Brust am Knochen lassen, Ober- und Unterschenkel voneinander trennen. Die größten Knochen von Schenkeln und Flügeln auslösen. Salzen und von allen Seiten mit Mehl bestäuben. Die Orangen filetieren, den Saft dabei auffangen.

2. Den Speck würfeln. Die Bohnen putzen und in 3 cm lange Stücke schneiden. Zwiebel schälen und mittelfein würfeln. Die Kartoffeln schälen und in feine Scheiben hobeln.

3. In einem breiten Topf 2 Esslöffel Olivenöl erhitzen, die Speckwürfel mit der Zwiebel darin anrösten, Bohnen dazugeben und mit dem Orangensaft beträufeln. Salzen und pfeffern, etwas Wasser dazugeben und in etwa 10 Minuten halb gar dünsten. Backofen auf 220 °C vorheizen.

4. Das restliche Öl erhitzen und die Hühnerteile von allen Seiten bräunen, mit Paprika bestreuen, das Tomatenmark dazugeben und 1 bis 2 Minuten durchrösten.

5. Alles in eine Greixonera geben und mit den Kartoffelscheiben vermischen. Die Eigelbe mit Sahne, Senf, etwas Salz und Pfeffer glatt rühren, eventuell mit etwas Orangensaft verdünnen und über das Gericht gießen. Mit Butterflöckchen besetzen und zugedeckt im Ofen 40 Minuten garen.

6. Etwa 5 Minuten vor Ende der Garzeit die Orangenfilets darauf verteilen und mitschmoren. Etwas Orangenschale hauchdünn abschälen, in feinste Streifen schneiden und darüber streuen.

Süßer Reis mit Mandeln und Feigen

Süßer Reis mit Mandeln und Feigen
Arros amb ametlles i figues

etwas für Kinder

■ *Für 4 Personen*
■ *Zubereitung: ca. 1 Std.*
■ *ca. 620 kcal*

ZUTATEN

120 g Rundkornreis
1 Vanilleschote
Schale von 1/2 Zitrone
3/4 l Milch
6 EL Honig
1 Msp. Salz
1 Msp. Safran
200 g getrocknete Feigen
80 g geschälte Mandeln
2 EL Butter

1. Den Reis waschen und abtropfen lassen. Die Vanilleschote aufschlitzen und das Mark herauskratzen. Die Zitronenschale abreiben.

2. Milch mit 5 Esslöffeln Honig, Vanillemark und Salz zum Kochen bringen. Den Reis einrieseln lassen, Zitronenschale und Safran einrühren. Hitze reduzieren und zugedeckt etwa 40 Minuten köcheln lassen. Gelegentlich gut umrühren, damit nichts anlegt.

3. Die Feigen mittelfein und die Mandeln grob hacken. Kurz vor dem Ende der Garzeit 1 Esslöffel Butter und 1 Esslöffel Honig schmelzen und die Mandeln darin anrösten. Die Feigen dazugeben, alles unter den Reis mischen. Noch 1 Esslöffel Butter unterrühren und 5 Minuten zugedeckt ziehen lassen. Zum Schluss den Saft von der halben Zitrone unterrühren.

TIPP

■ *Wenn Sie den Reis für erwachsene Süßschnäbel zubereiten, können Sie die Früchte 1 bis 2 Stunden in Madeira marinieren.*

Ente mit Zwiebeln
Anec amb cebes

- *Für 4 Personen*
- *Zubereitung: ca. 1 Std. 15 Min. (plus 4 Std. zum Ziehenlassen)*
- *ca. 920 kcal*

ZUTATEN

1 junge Ente
1 EL Mehl
2 Bund Suppengemüse
5 Petersilienzweige
1 Knoblauchknolle
1 Orange
6 EL Butterschmalz
3 TL Honig
800 ml Geflügelfond
Salz, schwarzer Pfeffer
1 EL Zitronensaft
2 große Gemüsezwiebeln
1 Msp. Zimt
2 EL saure Sahne
1 kleiner Bund Schnittlauch

1. Die Entenbrüste und -keulen auslösen. Die Knochen in kleine Stücke hacken, leicht mit Mehl bestäuben. Das Suppengemüse in etwa 1 cm große Würfel schneiden. Petersilie grob hacken. Den Knoblauch in Zehen zerlegen, 2 Zehen fein hacken. Die Orange filetieren, den Saft dabei auffangen.

2. In einer Pfanne 2 Esslöffel Butterschmalz und 1 Teelöffel Honig heiß werden lassen. Die Entenknochen darin scharf anbräunen. Das Gemüse und den gehackten Knoblauch hinzufügen, alles gut durchbraten. Mit Geflügelfond und Orangensaft ablöschen. Zugedeckt etwa 4 Stunden ziehen lassen.

3. Die Sauce durch ein Sieb in eine Kasserolle abgießen, gut ausdrücken. Bei starker Hitze offen auf $1/3$ einkochen. Die reduzierte Sauce muss sirupartig werden. Mit Salz, Pfeffer und Zitronensaft pikant abschmecken. Warm halten.

4. Die Zwiebeln schälen und in dicke Scheiben schneiden. Leicht mit Mehl bestäuben. Backofen auf 200 °C vorheizen. Eine Greixonera leicht mit Öl auspinseln.

5. Die Entenkeulen in Ober- und Unterschenkel teilen, die Brüste quer in jeweils 6 bis 8 Scheiben schneiden. Mit Salz, Pfeffer und Zimt würzen. 2 Esslöffel Butterschmalz mit 2 Teelöffel Honig erhitzen, das Fleisch darin von allen Seiten schnell knusprig bräunen.

Pfanne vom Herd ziehen, Fleisch herausnehmen und in die Greixonera legen.

6. Sofort die Zwiebeln in die Pfanne geben, ebenfalls anbräunen und über das Fleisch verteilen. Den in der Pfanne verbliebenen Bratsatz rasch mit der sauren Sahne und der reduzierten Sauce glatt rühren. Alles über das Fleisch in der Greixonera gießen. Im Ofen 30 Minuten schmoren.

7. In einer kleinen Pfanne 2 Esslöffel Butterschmalz erhitzen und die restlichen Knoblauchzehen 2 Minuten darin braten. In den letzten 5 Minuten der Schmorzeit die Orangenfilets über das Fleisch verteilen. Schnittlauch fein hacken, darüber streuen, den gebratenen Knoblauch darauf anrichten.

- *Der Karamell wird sehr heiß. Wenn Sie Fleisch und Zwiebeln herausnehmen, muss alles sehr schnell gehen, weil er sonst verbrennt und bitter wird. Gießen Sie notfalls etwas Wasser dazu und lassen Sie ihn wieder einkochen.*

Huhn mit Aprikosen und Knoblauch
Pollastre amb albercocs i alls

- *Für 6 Personen*
- *Zubereitung: ca. 50 Min.*
- *ca. 710 kcal*

ZUTATEN

1 große Poularde
1 EL Mehl
4 EL Olivenöl
1 große Zwiebel
3 Knoblauchzehen
150 g getrocknete
  Aprikosen
2 Lorbeerblätter
Salz
schwarzer Pfeffer
1 Zweig Majoran
1 Zweig Rosmarin
1/8 l Weißwein
1 TL süßer Paprika
1/8 l Sahne

1. Poularde in 6 bis 8 Teile zerlegen, große Knochen auslösen. Salzen, pfeffern, leicht mit Mehl bestäuben. In einem Bräter von allen Seiten in heißem Olivenöl bräunen, herausnehmen.

2. Backofen auf 200 °C vorheizen. Zwiebel und Knoblauch schälen. Zwiebel, Knoblauch und Aprikosen grob hacken, die Lorbeerblätter zerkrümeln.

3. Zwiebel, Knoblauch, Lorbeer, Majoran und Rosmarin in den Bräter geben und etwa 2 Minuten auf starker Hitze durchrösten. Mit dem Weißwein ablöschen und etwas einkochen lassen. Die Aprikosen dazugeben.

4. Die Poulardenteile mit Paprika bestreuen und in den Bräter legen, mit etwas Sauce begießen.

5. Im Ofen etwa 20 Minuten schmoren. Fleisch herausnehmen und die Sahne unter die Sauce ziehen, eventuell noch einmal etwas einkochen lassen.

TIPPS

- *An heißen Tagen schmeckt das Gericht auch kalt sehr gut.*
- *Reste im Ofen aufwärmen, damit die Sauce geschmeidiger wird, und mit Weißbrot auftunken.*

TROCKENFRÜCHTE

Wie in fast allen südlichen Ländern sind getrocknete Früchte auf Mallorca fester Bestandteil der Küche.
Durch Trocknen und luftiges Aufbewahren lassen sich die Früchte auf natürliche Weise konservieren.
Durch Einweichen in Wasser oder Wein gewinnen sie einen Teil der ursprünglichen Feuchtigkeit zurück.
Sie saugen sich dabei mit der Einweich- oder Schmorflüssigkeit voll und passen sich damit hervorragend an das jeweilige Gericht an, dem sie ihrerseits ihr Aroma mitteilen.

Gefüllte Tauben im Kohlblatt
Colomins farcits amb col

- *Für 4 Personen*
- *Zubereitung: ca. 1 Std. 30 Min.*
- *ca. 1090 kcal*

ZUTATEN

8 große Weißkohlblätter
2 l Wasser, 50 g Salz
4 Tauben, ausgenommen
Salz, schwarzer Pfeffer
3 Knoblauchzehen
1 Zwiebel
80 g fetter Speck
1 Tomate
500 g Mischpilze
200 g Sobrasada
½ TL Senf
1 Lorbeerblatt
4 Wacholderbeeren
1 TL Zitronensaft
8 EL Olivenöl
¼ l Weißwein

1. Backofen auf 200 °C vorheizen. Wasser mit Salz zum Kochen bringen.

2. Die Tauben innen waschen und abtrocknen. Mit ½ Teelöffel Salz und etwas Pfeffer würzen.

3. Die dicken Rippen der Kohlblätter flach schneiden. Blätter im sprudelnden Salzwasser etwa 2 Minuten blanchieren, in kaltem Wasser abschrecken und nebeneinander auf Küchentücher legen, trockentupfen.

4. Knoblauch und Zwiebel schälen und fein schneiden, Speck fein würfeln. Die Tomate enthäuten, entkernen und grob würfeln. Die Pilze putzen und grob würfeln, Sobrasada fein würfeln.

5. Speck auslassen, Zwiebel und Knoblauch darin glasig dünsten. Pilze, Wurstwürfel und Senf untermischen. Lorbeerblatt und Wacholderbeeren fein zerkrümeln und untermischen, salzen und pfeffern. Alles etwa 5 Minuten durchdünsten. Mit dem Zitronensaft würzen und etwas abkühlen lassen.

6. Die Tauben mit ¾ der Masse locker füllen. Die Öffnung mit Rouladennadeln verschließen. Den Rest der Füllung in der Greixonera ausbreiten. Die Tauben in einer Pfanne von allen Seiten schnell in heißem Olivenöl braun anbraten. Herausnehmen und die Nadeln entfernen. Jede Taube in 2 Kohlblätter wickeln. Die Blätter gut andrücken.

7. Tauben nebeneinander in die Greixonera setzen. Die Bratrückstände in der Pfanne mit dem Weißwein auflösen und etwas einkochen lassen, über die Tauben gießen. Im Ofen etwa 40 Minuten schmoren.

Auf Mallorca werden leider, wie in vielen südlichen Ländern, auch Singvögel für die Ernährung verwendet. Wir haben hier die authentischen Drosseln durch Tauben ersetzt. Bei uns würden Sie sowieso keine Drosseln bekommen, Tauben werden aber extra für die feine Küche in großer Zahl gezüchtet.

Huhn mit Mandeln

Huhn mit Mandeln
Escaldums de pollastre i ametlles

- *Für 6 Personen*
- *Zubereitung: ca. 1 Std.*
- *ca. 800 kcal*

ZUTATEN

1 große Poularde
Salz, schwarzer Pfeffer
1 EL Mehl
4 EL Olivenöl
8 mittelgroße Kartoffeln
1 große Zwiebel
2 Zehen Knoblauch
100 g Mandeln
1 Lorbeerblatt
1 Zweig Majoran
1 Zweig Rosmarin
$1/8$ l Weißwein
$1/8$ l Sahne

**$1/2$ TL abgeriebene Orangen-
schale**
1 TL Paprikapulver

1. Die Poularde in 8 Teile zerlegen, große Knochen auslösen. Salzen, pfeffern, leicht
mit Mehl bestäuben. In einem
Bräter von allen Seiten in
heißem Öl bräunen. Herausnehmen und warm halten.

2. Backofen auf 200 °C vorheizen. Kartoffeln schälen
und in etwa 1 cm dicke Stifte
schneiden, in kaltem Wasser
aufbewahren. Zwiebel, Knoblauch und Mandeln schälen
und grob hacken, Lorbeer-
blatt zerkrümeln.

3. Majoranblätter abrebeln.
Die Rosmarinnadeln abzup-
fen und fein hacken. Zwiebel,
Knoblauch, Lorbeer, Majoran
und Rosmarin in den Bräter
geben und etwa 2 Minuten
auf starker Hitze durchrösten.
Mit Weißwein ablöschen und
etwas einkochen lassen.
Mandeln, Sahne und Oran-
genschale dazugeben.

4. Die Kartoffeln aus dem
Wasser nehmen und trockentupfen. Im Bräter verteilen.
Die Poulardenteile mit Paprikapulver bestreuen und
dazulegen, mit etwas Sauce
begießen. Im Ofen etwa
30 Minuten schmoren lassen.

Betrunkene Wachteln
Guàtleres emborratxades

edel

- Für 4 Personen
- Zubereitung: ca. 1 Std. 15 Min.
- ca. 910 kcal

ZUTATEN

1 Zwiebel
4 Knoblauchzehen
4 Karotten
4 Kartoffeln
5 Zweige glatte Petersilie
1 Zweig Thymian
Kerne von 1/4 Granatapfel
8 Wachteln, ausgenommen
Salz
schwarzer Pfeffer
1/2 TL Senf
6 EL Olivenöl
1 EL Honig
1/8 l Grenadine
1/8 l Weinbrand
  (z. B. Bobadilla)
1 EL Butter
1/8 l Sahne
4 Eier

1. Zwiebel und Knoblauch schälen und fein hacken. Die Karotten putzen und in dünne Scheiben schneiden. Die Kartoffeln schälen und wie zu Pommes frites in Stifte schneiden, in kaltem Wasser aufbewahren. Die Petersilie grob hacken, Thymianblätter vom Zweig rebeln. Die Granatapfelkerne auslösen.

2. Die Wachteln waschen und trockentupfen, mit Salz, Pfeffer und Senf würzen. In 4 Esslöffeln Öl von allen Seiten schnell bräunen, herausnehmen. Backofen auf 200 °C vorheizen.

4. Im Bratrückstand den Honig schmelzen, bis er leicht karamellisiert. Sofort mit Grenadine und Weinbrand ablöschen. Dicklich einkochen, Butter unterrühren.

5. Zwiebeln und Knoblauch in 2 Esslöffeln heißem Olivenöl glasig anbraten, Karotten und Kartoffeln dazugeben, mit Salz, Pfeffer und Thymian würzen. Etwa 3 Minuten durchschmoren.

6. Die Sahne dazumischen und alles in eine Greixonera geben. Die Wachteln darauf setzen, etwas hineindrücken und mit dem Karamellsud begießen. Im Ofen etwa 30 Minuten schmoren.

7. Die Eier hart kochen, abschrecken, schälen und würfeln. Zum Servieren die Wachteln mit den gehackten Eiern, Petersilie und Granatapfelkernen bestreuen.

TIPPS

- *Eigentlich verwendet man statt Cognac den mallorquinischen Tresterschnaps. Bringen Sie sich von Ihrer Reise eine Flasche mit oder nehmen Sie spanischen Brandy.*
- *Granatäpfel lösen Sie am besten so aus: Halbieren Sie den Apfel quer. Bringen Sie mit einem scharfen kleinen Messer dort kleine Schnitte an, wo die dünnen Häute die Kerne trennen. Brechen Sie die Frucht auseinander und lösen Sie die Kerne mit der Hand aus. Entfernen Sie alle weißen Rückstände der Schale. Vorsicht: Granatäpfel wurden früher nicht umsonst zum Färben verwendet!*

Kaninchen mit Reis und Aprikosen

Kaninchen mit Reis und Aprikosen
Arros amb conill i albercocs

- *Für 4 Personen*
- *Zubereitung: ca. 1 Std.*
- *ca. 910 kcal*

ZUTATEN

2 Zwiebeln
4 Knoblauchzehen
50 g schwarze Oliven
12 getrocknete Aprikosen
1 Kaninchen (ca. 1,2 kg, mit
  Leber und Nieren)
¹/₈ l Madeira
Salz, weißer Pfeffer
¹/₂ TL Zimt
1 EL Mehl, 8 EL Olivenöl
¹/₄ l Weißwein
¹/₂ TL Cayennepfeffer
2 Tassen Reis

je 1 Msp. Safran und Muskat
1 Glas Wildfond (400 ml)
¹/₈ l Sahne

1. Backofen auf 200 °C vorheizen. Zwiebeln, Knoblauch und Oliven fein hacken. Die Aprikosen grob würfeln.

2. Leber und Nieren in 2 Esslöffeln Madeira einlegen. Das Kaninchen in Portionsstücke zerteilen. Salzen, pfeffern, mit Zimt und Mehl bestäuben und in einem Bräter in 3 Esslöffeln Öl bräunen. Zwiebeln, Knoblauch und Oliven dazugeben. Mit Madeira und Weißwein ablöschen und mit Cayenne würzen.

3. Im Ofen zugedeckt etwa 40 Minuten schmoren, ab und zu begießen. Dann Fleisch aus dem Bräter nehmen, Sahne in die Sauce rühren, abschmecken, das Fleisch wieder hineinlegen.

4. Inzwischen den Reis in 3 Esslöffeln Öl anbraten. Mit Safran, Muskat und Salz würzen. Wildfond und Aprikosen einrühren. Zugedeckt etwa 20 Minuten ziehen lassen, bis alle Flüssigkeit aufgesogen ist.

5. Leber und Nieren trockentupfen, in 2 Esslöffeln sehr heißem Olivenöl anbraten. Salzen und pfeffern, auf dem Kaninchenfleisch anrichten.

Kaninchen mit Mandeln und Wirsing
Costellam de conill amb ametlles i col

- *Für 4 Personen*
- *Zubereitung: ca. 40 Min. (plus 3 Std. zum Ziehenlassen)*
- *ca. 960 kcal*
- *Dazu passen schmale Bandnudeln*

ZUTATEN

2 Kaninchenrücken mit Bauchlappen
3 EL Mehl
2 Bund Suppengrün
1 Kartoffel
3 Zweige glatte Petersilie
100 g geschälte Mandeln
2 Knoblauchzehen
8 EL Olivenöl
1 Glas Geflügelfond (400 ml)
8 Wirsingblätter aus dem Inneren
100 g Sobrasada
3 EL Sahne
Salz
schwarzer Pfeffer
1/2 TL Senf
6 EL Semmelbrösel
2 Eier

1. Die Kaninchenfilets auslösen, so dass die Bauchlappen am Filet bleiben. Die Knochen klein hacken und mit 1 Esslöffel Mehl bestäuben. Das Suppengrün putzen, die Kartoffel schälen, alles in 1 cm große Würfel schneiden. Petersilie hacken. Einige Mandeln zur Dekoration beiseite legen, den Rest fein hacken. Knoblauch schälen und zerdrücken.

3. In einer Pfanne 4 Esslöffel Öl erhitzen und die Knochen von allen Seiten scharf bräunen. Suppengemüse und Kartoffel dazugeben, durchrösten. Mit dem Fond ablöschen. Hitze reduzieren und 3 Stunden ziehen lassen. Durch ein Sieb in eine Kasserolle gießen, Gemüse gut ausdrücken. Sauce auf etwa ein Drittel einkochen.

4. Die Wirsingblätter in kochendem Salzwasser 2 Minuten blanchieren. In kaltem Wasser abschrecken, auf einem Küchentuch abtropfen lassen und trockentupfen. Die Sobrasada aus der Haut holen und fein hacken. Mit der Sahne und dem Knoblauch mit dem Mixstab zu einer glatten Farce verarbeiten. Salzen, pfeffern.

5. Die Filets in etwa 15 cm lange Stücke teilen und die Bauchlappen flach auf die Arbeitsfläche legen. Dünn mit Senf bestreichen. Mit den Wirsingblättern belegen und die Farce darauf streichen. Die Bauchlappen um die Filets wickeln.

6. Semmelbrösel und Mandeln in einer Panierschale mischen. Die Eier mit 1 Esslöffel Wasser in einer zweiten Schale verquirlen. 2 Esslöffel Mehl in eine dritte Schale geben. Die Filetstücke nacheinander in Mehl, Ei und Mandeln wenden.

7. Backofen auf 80 °C vorheizen. In einer Pfanne 4 Esslöffel Öl erhitzen und die Filets von allen Seiten 3 bis 4 Minuten goldbraun braten. In Alufolie einpacken und im Ofen noch etwa 5 Minuten ruhen lassen. Ganze Mandeln in einer trockenen Pfanne leicht anrösten.

8. Zum Anrichten die Filets schräg in dicke Scheiben schneiden und auf der Sauce servieren. Einige geröstete ganze Mandeln und die Petersilie darüber streuen.

Kaninchen mit Zwiebeln
Conill amb cebes

ländlich

- *Für 4 Personen*
- *Zubereitung: ca. 1 Std. 10 Min.*
- *ca. 710 kcal*

ZUTATEN

1 Kaninchen (ca. 1 kg)
1 TL Senf
1 Knoblauchknolle
2 Lorbeerblätter
2 Zweige Rosmarin
1 Zweig Thymian
6 mittelgroße Zwiebeln
4 Frühlingszwiebeln
6 Kartoffeln
1 Karotte
5 Zweige Petersilie
1 Fleischtomate
150 ml Olivenöl
¼ l Weißwein
¼ l Fleischbrühe
1 TL Salz
½ TL Cayennepfeffer
8 Scheiben italienisches Weißbrot
8 frische Feigen
3 Zweige glatte Petersilie

1. Das Kaninchen in 8 bis 10 Teile zerlegen, mit dem Senf, einer geschälten und zerdrückten Knoblauchzehe, den zerbröselten Lorbeerblättern und den von den Zweigen gerebelten Kräutern einreiben. Etwa 30 Minuten ziehen lassen.

2. Den restlichen Knoblauch in Zehen zerlegen. Zwiebeln und Frühlingszwiebeln grob hacken. Kartoffeln schälen und in mundgerechte Stücke teilen. Die Karotte schälen und in feine Scheiben schneiden. Petersilie mit den Stielen fein hacken, Fleischtomate in dünne Scheiben schneiden und enthäuten (siehe Tipp).

3. In einem gusseisernen Bräter 6 Esslöffel Öl erhitzen und die Kaninchenteile rundum gut bräunen, herausnehmen. Alles Gemüse außer den Knoblauchzehen und den Tomaten im Bratfett ebenfalls gut bräunen. Die Kaninchenteile wieder dazugeben und mit dem Gemüse vermengen. Wein und Brühe angießen, Tomate dazugeben. Salzen und mit Cayennepfeffer würzen. Zugedeckt etwa 40 Minuten schmoren lassen.

4. Backofen auf 220 °C aufheizen. Etwa 10 Minuten vor dem Ende der Schmorzeit prüfen, ob im Schmortopf zu viel Flüssigkeit vorhanden ist; eventuell ohne Deckel fertig schmoren. Brotscheiben mit 2 Esslöffeln Öl einpinseln und etwa 8 Minuten im Ofen rösten. Knoblauchzehen in einer zweiten Pfanne in 2 Esslöffeln Olivenöl braten.

5. Die Feigen vierteln. Die Petersilie grob hacken. Den Schmortopf vom Herd nehmen, Kaninchen mit der Petersilie bestreuen. Am Rand wechselweise Brotscheiben (bei Bedarf halbiert oder geviertelt) und Feigen anlegen. In der Mitte die Knoblauchzehen verteilen.

TIPP

- *Kalt lassen sich Tomaten am besten so enthäuten: Vierteln, entkernen und in etwa 1 cm breite Streifen schneiden. Mit einem scharfen, biegsamen Messer auf flacher Unterlage das Fleisch aus der Haut schneiden.*

Kaninchen mit Zwiebeln

Paella mit Huhn und Kaninchen
Paella de conill i pollastre

- *Für 8 Personen*
- *Zubereitung: ca. 1 Std.*
- *ca. 550 kcal*

ZUTATEN

1 Hähnchen (ca. 1 kg)

1 Kaninchen (ca. 1 kg)

4 Knoblauchzehen

1 EL Mehl

1 rote Paprikaschote

1 Fleischtomate

5 Zweige glatte Petersilie

4 EL Olivenöl

1 l Gemüsebrühe

Salz, schwarzer Pfeffer

1–2 Döschen gem. Safran

125 g TK-Erbsen

500 g Rundkornreis

1. Hähnchen und Kaninchen komplett auslösen, enthäuten, das Fleisch in mundgerechte Stücke schneiden. Knoblauch schälen, zerdrücken und das Fleisch damit einreiben. Leicht mit Mehl bestäuben.

2. Paprikaschote und Tomate enthäuten, entkernen und in Streifen schneiden. Die Petersilienblätter fein hacken.

3. In einer große Pfanne das Öl erhitzen und das Fleisch von allen Seiten gut bräunen, Paprika und Tomaten dazugeben und mit der Hälfte der Brühe ablöschen. Mit Salz, Pfeffer und Safran würzen.

Erbsen dazugeben. Den Reis einrühren, Hitze reduzieren und zugedeckt etwa 20 Minuten ziehen lassen. Ab und zu Brühe zugießen. Zum Schluss soll alle Flüssigkeit aufgenommen sein. Mit Petersilie bestreuen und servieren.

- *Noch besser wird die Paella, wenn Sie aus den Knochen und 2 Bund Suppengrün einen Fond ziehen. Gehen Sie dabei vor wie im Rezept „Kaninchenrücken mit Mandeln und Wirsing" (S. 56) beschrieben.*

Lammkoteletts in Mandeln paniert
Costellettes de xot rebosades

- *Für 4 Personen*
- *Zubereitung: ca. 30 Min. (plus 30 Min. zum Ziehenlassen)*
- *ca. 830 kcal*
- *Dazu passen Rosmarinkartoffeln oder Weißbrot*

ZUTATEN

16 kleine Lammkoteletts
1 Knoblauchzehe
4 EL Olivenöl
$\frac{1}{2}$ TL schwarzer Pfeffer
100 g Mandeln
4 EL Mehl
2 Eier
50 g Semmelbrösel
1 Zitrone
3 Zweige Rosmarin
Salz

1. Die Rippen der Lammkoteletts ganz von Fleisch und Sehnen befreien, so dass die Rippenknochen ganz blank sind.

2. Die Knoblauchzehe schälen und zerdrücken. Aus Knoblauch, 1 Esslöffel Öl und etwas Pfeffer eine Marinade rühren. Koteletts damit einreiben, 30 Minuten ziehen lassen.

3. Die Mandeln mit kochendem Wasser überbrühen und schälen. Sehr fein hacken.

4. Das Mehl in einen Suppenteller geben. 2 Eier in einem zweiten Suppenteller mit 2 Esslöffeln Wasser verschlagen. Die Semmelbrösel in einem dritten Teller mit den Mandeln vermischen.

5. Die Zitrone filetieren. Dazu die Schale mit einem sehr scharfen Messer bis auf das Fruchtfleisch abschälen. Entlang der Innenhäute keilförmig zur Mitte schneiden, so dass die Spalten des Zitronenfleisches ohne Innenhaut herausgelöst werden können. Saft auffangen.

6. Die Koteletts leicht salzen, in Mehl, Ei und Mandelbröseln wenden. Die Panade gut andrücken.

7. Das restliche Olivenöl erhitzen und zuerst einen Rosmarinzweig darin gut anrösten, ohne dass er verbrennt, herausnehmen. Die Koteletts im heißen Öl von beiden Seiten goldbraun braten. Herausnehmen und mit dem aufgefangenen Zitronensaft beträufeln.

8. Auf vorgewärmter Platte anrichten und mit den Zitronenfilets und dem restlichen Rosmarin garnieren.

- *Für die Rosmarinkartoffeln neue Kartoffeln schälen und in 2 cm große Würfel schneiden, in heißem Olivenöl mit Salz, Pfeffer und fein gehacktem Rosmarin in etwa 15 Minuten hellbraun braten. Mit etwas Zitronensaft aromatisieren.*
- *Wenn Sie mehr Koteletts zubereiten wollen, als in die Pfanne passen, halten Sie die fertigen Koteletts bei 80 °C im Backofen warm. Sie dürfen allerdings nicht zu lange liegen, weil sonst die Panade weich wird.*

Lammtopf mit Oliven
Greixonera de xot amb olives

- *Für 4 Personen*
- *Zubereitung: ca. 1 Std. 45 Min. (plus 12 Std. zum Ziehenlassen)*
- *ca. 790 kcal*

ZUTATEN

800 g Lammfleisch aus der Keule

4 Knoblauchzehen

1 Zweig Rosmarin

1 Zweig Salbei

3 EL Olivenöl

½ TL Senf

100 g Kichererbsen

1 kleine Stange Lauch

200 g frische schwarze Oliven

1 Zitrone

50 g Koriandergrün

1 EL Mehl

1 EL Tomatenmark

1 kleine Kartoffel

200 ml Lammtond (Glas)

Salz, schwarzer Pfeffer

2 EL saure Sahne

1. Am Vortag das Lammfleisch von Sehnen befreien und in mundgerechte Würfel schneiden. Knoblauch schälen und zerdrücken. Die Kräuter von den Zweigen streifen und fein hacken. Aus 1 Esslöffel Olivenöl, Kräutern, Senf und Knoblauch eine Marinade rühren und die Fleischwürfel damit gut vermengen. Über Nacht zugedeckt im Kühlschrank durchziehen lassen. Die Kichererbsen in der doppelten Menge Wasser über Nacht einweichen.

2. Am nächsten Tag den Lauch in feine Ringe schneiden, waschen und abtropfen lassen. Oliven bis auf etwa 10 Stück grob hacken, die Zitrone filetieren (wie im Rezept „Lammkoteletts im Mandelmantel" beschrieben). Das Koriandergrün grob hacken.

3. Das Fleisch aus der Marinade nehmen und mit Küchenpapier trockentupfen, leicht mit Mehl bestäuben. 2 Esslöffel Öl in einem Bräter erhitzen und die Fleischstücke darin rundum gut bräunen. Tomatenmark dazugeben und etwas durch-

schmoren. Die Kichererbsen abgießen und dazugeben, auch den Lauch und die Oliven. Die Kartoffel schälen und darüber reiben. Mit dem Lammfond ablöschen und die Hälfte der Zitronenfilets, den Zitronensaft und die Hälfte des Koriandergrüns dazugeben. Mit Salz und Pfeffer würzen. Etwa 45 Minuten zugedeckt schmoren lassen.

4. Vom Herd nehmen und die saure Sahne einrühren. Restliche Zitronenfilets, Oliven und Koriandergrün darüber verteilen.

- *Wenn Sie ein besonders feines Gericht zubereiten wollen, dann verwenden Sie die jetzt überall im Handel erhältlichen „Lammlachse" (Lammrücken). Das hat den Vorteil, dass sie küchenfertig sind. Sie müssen dann die Kichererbsen halbgar vorkochen und die Garzeit im Ofen auf 20 Minuten reduzieren.*

Lammrücken im Gemüsehemd
Costellam de xot amb verdures i arros

- *Für 4 Personen*
- *Zubereitung: ca. 1 Std.*
- *ca. 720 kcal*

Z U T A T E N

4 Lammfilets (600 g)
3 Knoblauchzehen
$1/2$ TL Senf
1 kleine Zwiebel
1 TL Thymian
1 TL Rosmarin
5 EL Olivenöl
2 EL Rotwein
Salz, schwarzer Pfeffer
4 Karotten
2 kleine Stangen Lauch
1 mittelgroße Zucchini
80 g Butter
80 g Sobrasada
1 Ei, 5 EL Semmelbrösel
2 Tassen Reis
$1/2$ TL Kurkuma
$1/2$ l Gemüsebrühe
80 g schwarze Oliven
1 EL Ziegenkäse
$1/2$ Bund Schnittlauch

1. Die Filets enthäuten, der Länge nach aufschneiden und aufklappen. Die Knoblauchzehen schälen, zerdrücken und mit der Hälfte des Senfs auf die Innenseite streichen, wieder zusammenklappen.

2. Zwiebel und Kräuter sehr fein hacken. Aus 2 Esslöffeln Öl, Rotwein, Zwiebel, Senf, 1 Prise schwarzem Pfeffer und Kräutern eine Marinade rühren. Filets quer halbieren, in eine Schüssel geben, mit der Marinade einreiben und über Nacht zugedeckt ziehen lassen.

3. Karotten schälen, Lauch putzen und waschen, alles in feinste Würfel schneiden. Die Zucchini ungeschält sehr fein würfeln. Die Gemüsewürfel in 50 g Butter etwa 2 Minuten schmoren. Die Hälfte davon in eine Schüssel geben.

4. Die Sobrasada zum verbliebenen Gemüse in den Schmortopf zupfen, salzen, pfeffern und 1 bis 2 Minuten kräftig durchschmoren. Eventuelle Flüssigkeit mit etwas Semmelbröseln binden. Abkühlen lassen.

5. Gemüsewürfel in der Schüssel salzen, pfeffern, mit dem verquirlten Ei binden. Semmelbrösel einarbeiten.

6. Den Backofen auf 200 °C vorheizen. Die Filets aus der Marinade nehmen und trockentupfen. Mit der Gemüse-Mett-Masse füllen, wieder zusammenklappen. Auf die Filets die Gemüse-Brösel-Masse verteilen und gut andrücken. Mit 1 Esslöffel Öl beträufeln. Auf einem mit Alufolie belegten Blech im Ofen 30 Minuten backen.

7. In der Zwischenzeit 2 Esslöffel Öl erhitzen und den Reis darin kurz anbraten. Den Kurkuma dazugeben, mit der Hälfte der Gemüsebrühe ablöschen. Unter Rühren etwa 20 Minuten garen. Von Zeit zu Zeit Brühe dazugeben.

8. Die Oliven und den Ziegenkäse fein hacken. Wenn der Reis gar ist, restliche Butter, Ziegenkäse und Oliven unterrühren. Mit Salz und Pfeffer abschmecken.

9. Schnittlauch in feine Röllchen schneiden. Filets aus dem Ofen nehmen. Mit einem scharfen Messer (am besten einem elektrischen) schräg in Scheiben schneiden. Den Reis auf eine vorgewärmte Platte geben, Filetstücke darauf anrichten. Mit dem Schnittlauch bestreuen.

Schweinelende mit Datteln
Llom de porc farcit amb datils

- *Für 4 Personen*
- *Zubereitung: ca. 30 Min.*
- *ca. 540 kcal*
- *Dazu passen Weißbrot oder schmale Bandnudeln in Sahne*

ZUTATEN

1 Schweinefilet (ca. 800 g)
½ TL Senf
Salz, schwarzer Pfeffer
100 g frische Datteln
2 Knoblauchzehen
50 g Mandeln
1 TL Zitronensaft
2 EL Semmelbrösel
1 Ei
4 EL Olivenöl
1 EL Honig
6 EL trockener Weißwein
3 EL saure Sahne

1. Das Schweinefilet von Fett und Häuten befreien, der Länge nach aufschneiden und aufklappen. Innen leicht salzen und mit dem Senf bestreichen.

2. Die Datteln entstielen, entkernen und grob hacken. 1 Knoblauchzehe schälen und zerdrücken. Die Mandeln mit kochendem Wasser überbrühen, schälen und fein hacken. Die Datteln, die Hälfte der gehackten Mandeln, den zerdrückten Knoblauch und etwas Pfeffer zu einer Farce vermengen und auf die Innenseite des Filets streichen. Mit etwas Zitronensaft beträufeln. Die Filets wieder zusammenklappen, zudrücken. Backofen auf 200 °C vorheizen.

3. Die restliche Zehe Knoblauch schälen und fein hacken. Mit den Semmelbröseln und der zweiten Hälfte der Mandeln mischen. Mit 1 Ei binden. Salzen.

4. In einer Pfanne 2 Esslöffel Öl mit 1 Esslöffel Honig erhitzen, bis er leicht bräunt. Das Schweinefilet darin etwa 5 Minuten von allen Seiten anbraten. Aus der Pfanne nehmen und mit der Semmelbrösel-Mandel-Panade bestreichen. Die Panade fest andrücken.

5. In einer feuerfesten Form 1 Esslöffel Olivenöl verteilen und das Filet darauf setzen, 1 Esslöffel Olivenöl darüber träufeln. Etwa 10 Minuten im heißen Backofen überkrusten.

6. Die Pfanne mit den Bratrückständen erhitzen, Weißwein dazugießen und Rückstände damit auflösen. Etwas einkochen lassen. Saure Sahne einrühren, salzen und pfeffern.

7. Das Filet aus dem Ofen nehmen und etwa 5 Minuten mit Alufolie zugedeckt ruhen lassen.

8. Zum Anrichten das Filet quer in etwa 3 cm dicke Scheiben schneiden und mit der Sauce beträufeln.

- *Für die Beilage 300 g Bandnudeln in 3 l Salzwasser knapp gar kochen, in einem Sieb abtropfen lassen. In einer Kasserolle ¼ l Sahne aufkochen, mit je ½ Teelöffel Salz und Pfeffer sowie 1 Teelöffel Tomatenmark gut verrühren. Nudeln in der heißen Sahne schwenken. Topf vom Herd ziehen, 1 Eigelb etwas verquirlen und unterziehen. Gehackte Petersilie darüber streuen.*

Schweinelende mit Datteln

Schweinenieren im eigenen Fett mit Kräutern
Ronyons de porc amb herbes

- *Für 4 Personen*
- *Zubereitung: ca. 25 Min.*
  (plus 12 Std. zum Wässern)
- *ca. 450 kcal*

ZUTATEN

4 Schweinenieren mit ihrem
Fettmantel
1 Zweig Rosmarin
1 Zweig Thymian
1 Zweig Salbei
Salz
schwarzer Pfeffer
8 Scheiben italienisches
Weißbrot

1. Die Nieren der Länge nach aufschneiden und die weißen Gefäße entfernen. Die Fettschicht bis auf etwa 1 cm Dicke abschneiden. Die Nieren mindestens 12 Stunden in Wasser einlegen. Das Wasser mehrfach wechseln.

2. Die Kräuter von den Zweigen streifen und fein hacken. Nieren aus dem Wasser nehmen und auf allen Seiten gut abtrocknen. Innen und außen mit den Kräutern bestreuen und pfeffern.

3. Backofen auf 200 °C vorheizen. Eine schwere Pfanne trocken erhitzen und die Nieren von allen Seiten etwa 15 Minuten braten. Auf Alufolie legen und im Ofen nicht abgedeckt noch 10 Minuten nachgaren. Inzwischen die Brotscheiben in der Pfanne im ausgebratenen Nierenfett knusprig braten.

4. Die Nieren in dicke Scheiben schneiden, salzen und mit dem Brot servieren.

TIPP

- *Damit Sie Nieren im eigenen Fett bekommen, müssen Sie sie beim Metzger bestellen. In Mallorca fallen sie bei der Hausschlachtung an und werden vom Schlachtteam als Imbiss während der Arbeit verzehrt.*

Schweinezunge auf Feigensauce
Llengo de porc amb salsa de figues

- *Für 4 Personen*
- *Zubereitung: ca. 1 Std. 40 Min.*
- *ca. 690 kcal*

ZUTATEN

4 kleine Schweinezungen

1 EL Salz

Saft von ¹⁄₂ Zitrone

4 Lorbeerblätter

1 EL Mehl

3 EL Schweineschmalz

¹⁄₄ l Weißwein

14–16 frische Feigen

¹⁄₂ TL Zimt

¹⁄₂ TL Kardamom

10 mittelgroße Kartoffeln

3 EL Olivenöl

Salz

schwarzer Pfeffer

1. Die Zungen waschen. 2 l Wasser mit 1 Esslöffel Salz, Saft von ¹⁄₂ Zitrone und 4 Lorbeerblättern aufkochen, Hitze reduzieren, die Zungen hineinlegen und offen etwa 1 Stunde knapp unter dem Siedepunkt gar ziehen lassen. Die Zungen herausnehmen, kalt abschrecken und sofort häuten, in dicke Scheiben schneiden und leicht mit Mehl bestäuben.

2. Das Schmalz in einer großen Pfanne erhitzen und die Zungenstücke von allen Seiten bräunen. Mit Wein ablöschen, 10 bis 12 Feigen achteln und dazugeben, mit Zimt und Kardamom bestäuben und zugedeckt etwa 20 Minuten schmoren.

3. In der Zwischenzeit die Kartoffeln schälen, in 1 cm große Würfel schneiden. In einer großen Pfanne 3 Esslöffel Öl erhitzen und die Kartoffeln in etwa 10 Minuten goldgelb braten. Mit Salz und Pfeffer würzen.

4. Die Zungenstücke aus der Pfanne nehmen und warm halten. Die Sauce mit dem Mixstab pürieren und aufschäumen.

5. Zunge in eine vorgewärmte große Schüssel geben, Sauce darüber gießen und die Kartoffeln am Rand anrichten. Mit 4 halbierten Feigen dekorieren.

- *Die Sauce soll sämig sein. Wenn sie zu flüssig ist, nach dem Herausnehmen der Zungenscheiben noch etwas einkochen; wenn sie zu dick ist, mit einem Schuss Weißwein verlängern und noch einmal aufkochen.*

Rinderschmorbraten mit Nudeln
Rostit de bou amb fideus

für Feste

- *Für 4 Personen*
- *Zubereitung: ca. 1 Std. 30 Min.*
- *ca. 600 kcal*

ZUTATEN

5 EL Olivenöl

2 Zwiebeln

1 Knoblauchknolle

1/2 Stange Lauch

1 große Kartoffel

800 g Tafelspitz

5 Zweige glatte Petersilie

Salz

schwarzer Pfeffer

1 kleine Dose geschälte Tomaten

2 Lorbeerblätter

10 Wacholderbeeren

1/8 l Fleischbrühe

1/8 l Rotwein

200 g schmale Bandnudeln

1. Backofen auf 180 °C vorheizen. Eine kleine Greixonera oder feuerfeste Form mit 1 Esslöffel Öl auspinseln.

2. Zwiebeln schälen und grob hacken. Knoblauch in Zehen teilen. Den Lauch putzen, in feine Ringe schneiden, waschen und abtropfen lassen. Die Kartoffel schälen. Das Fleisch in mundgerechte Stücke teilen, Petersilie grob hacken.

3. Das Fleisch mit 2 Esslöffeln Öl in einer Pfanne rundherum scharf anbraten, salzen und pfeffern. Zwiebeln und Knoblauch untermischen und kurz mitbraten. In der Greixonera verteilen.

4. Den Lauch im Bratfett kurz schmoren, die Tomaten darüber verteilen, die Kartoffel darüber reiben, Lorbeerblätter und Wacholder dazugeben. Fleischbrühe und Wein dazugießen, aufkochen lassen. Nochmals kräftig mit Salz und Pfeffer abschmecken. Über das Fleisch gießen und zugedeckt etwa 1 Stunde im Ofen schmoren.

5. Zehn Minuten vor dem Servieren die Nudeln in Salzwasser bissfest kochen. Abgießen, kalt abspülen und abtropfen lassen. In einem Topf 2 Esslöffel Öl erhitzen und die Nudeln darin heiß schwenken.

6. Die Teller auf einem Rost im Ofen vorwärmen. Einen Ring Nudeln auf jedem Teller anrichten und 1 Schöpflöffel Ragout in die Mitte geben. Wenn Sie das Ragout in der Greixonera auftragen möchten, die Nudeln ringförmig am Rand der Greixonera verteilen. Mit Petersilie bestreuen.

TIPPS

- *Sie können weitere Gemüse mitschmoren, z. B. Paprika, Zucchini, Karotten. Achten Sie jedoch darauf, dass Sie kein zu saftiges Gemüse verwenden, oder reduzieren Sie die Flüssigkeitsmenge.*
- *Sie können die Nudeln weglassen und stattdessen 600 g Kartoffeln in grobe Würfel schneiden und 20 Minuten vor dem Servieren unter das Ragout mischen.*

Rinderlende mit Granatapfelsauce

Rinderlende mit Granatapfelsauce
Llom de bou amb all i salsa de magranes

- *Für 4 Personen*
- *Zubereitung: ca. 15 Min.*
  (plus 3 Std. für die Sauce)
- *ca. 420 kcal*
- *Dazu passen Bandnudeln*
  oder fritierte Kartoffeln

ZUTATEN

2 Granatäpfel

1 rote Zwiebel

1 Knoblauchknolle

5 EL Olivenöl

800 ml Rinderfond
  (2 Gläser)

1 TL Zitronensaft

Salz, schwarzer Pfeffer

800 g Rinderlende

1 TL Speisestärke

1. Granatäpfelkerne auslösen (siehe Tipp Seite 54). 2 Esslöffel Kerne für die Dekoration beiseite stellen. Die Zwiebel schälen und grob hacken. 1 Zehe Knoblauch schälen und zerdrücken.

2. Die Zwiebel in 1 Esslöffel Öl gut bräunen. Mit Fond ablöschen, Granatapfelkerne und Zitronensaft dazugeben. Etwa 1 Stunde zugedeckt köcheln lassen. Durch ein Sieb in eine Kasserolle gießen, das Granatapfelfleisch durchpassieren, so dass die Kerne zurückbleiben. Sauce auf etwa $^1/_3$ einkochen lassen, mit Salz und Pfeffer abschmecken.

3. Das Filet in 4 cm dicke Scheiben schneiden, in 2 Esslöffeln Öl von beiden Seiten jeweils etwa 3 Minuten scharf braten. Salzen und pfeffern, in Alufolie einpacken und 5 Minuten ruhen lassen.

4. Die Sauce aufkochen und eventuell mit etwas Stärke binden. Knoblauch in Zehen zerlegen und in 2 Esslöffeln Öl von allen Seiten braun braten.

5. Die Sauce in die Mitte der Teller geben, je 2 Filetscheiben darauf setzen und mit Granatapfelkernen und Knoblauch bestreuen.

Seeteufel-Lasagne mit Gemüse
Lasanya de rap amb verdures

- *Für 6 Personen*
- *Zubereitung: ca. 1 Std. 20 Min.*
- *ca. 560 kcal*

ZUTATEN

je 300 g Karotten, Zucchini, Lauch, Fenchel
2 Schalotten
6 EL Butter, 2 EL Mehl
200 ml Fischfond
3 EL trockener Wermut
2 Knoblauchzehen
¼ l Sahne
Salz, weißer Pfeffer
1 TL Senf, 1 Zitrone
2 Eigelb
120 g Semmelbrösel
2 Nudelplatten (30 x 40 cm, frisch, oder getrocknete Lasagneblätter)
800 g Seeteufelfilet
1 Bund Dill
1 Zweig glatte Petersilie

1. Alles Gemüse in sehr kleine Würfel (Brunoise) schneiden und außer den Schalotten 2 Minuten in kochendem Wasser blanchieren. Gut abtropfen lassen.

2. Schalottenwürfel in 2 Esslöffeln Butter andünsten, mit 2 Esslöffeln Mehl bestäuben und durchschmoren, ohne dass die Masse braun wird. Mit Fischfond und Wermut ablöschen, Hitze reduzieren. 1 zerquetschte Knoblauchzehe und 2 Esslöffel von den Gemüsewürfeln dazugeben. Die Sauce etwa 20 Minuten zugedeckt leise köcheln lassen. Wenn sie zu dick wird, mit etwas Fischfond verlängern. Sauce durch ein Sieb in eine Kasserolle passieren, die Sahne dazugeben und dick einkochen lassen. Mit Salz, Pfeffer, 1 Teelöffel Senf und etwas Zitronensaft würzen. Vom Herd nehmen und Eigelbe unterziehen. Zugedeckt beiseite stellen.

3. Etwa 100 g Semmelbrösel mit 1 zerquetschten Knoblauchzehe in 2 Esslöffeln Butter anrösten, beiseite stellen. Backofen auf 200 °C vorheizen.

4. Gemüsewürfel mit der Hälfte der Sauce vermischen. Eine feuerfeste Form mit Butter ausfetten und mit frischen Semmelbröseln ausstreuen. Eine Nudelplatte so einlegen, dass der Boden bedeckt ist und knapp die Hälfte über den Rand der Form hängt. Den Teil in der Form dünn mit Knoblauch-Semmelbröseln bestreuen. Ein Drittel der Gemüsemasse darauf veteilen, Nudelplatte darüber klappen. Knoblauch-Semmelbrösel darauf verteilen.

5. Die Seeteufelfilets in einer Schicht darauf legen, leicht salzen, die Hälfte des Dills hacken und darüber streuen. Ein Drittel der Gemüsemasse darauf verteilen.

6. Die zweite Nudelplatte darüber legen, mit einer dünnen Schicht Knoblauch-Semmelbröseln bestreuen und das letzte Drittel der Gemüsemasse darauf verteilen. Nudelplatte darüber klappen und mit einer dünnen Schicht Sauce abschließen. Restliche Butter in Flocken darauf verteilen.

7. Die Lasagne im Backofen etwa 20 Minuten goldgelb backen. Mit einem scharfen Messer (Elektromesser) in 6 Stücke schneiden. Auf jeden Teller etwas Sauce geben und ein Stück Lasagne darauf setzen, mit je einem Ästchen Petersilie und Dill garnieren.

Gefüllte Tintenfische
Calamars farcits

läßt sich vorbereiten

- *Für 4 Personen*
- *Zubereitung: ca. 1 Std. 20 Min.*
- *ca. 520 kcal*

ZUTATEN

16 Miesmuscheln aus der Dose
16 Tintenfische (ca. 8 cm lang)
4 Scheiben italienisches Weißbrot
1 Frühlingszwiebel
2 EL Olivenöl
60 g schwarze Oliven
5 getrocknete Feigen
2 Knoblauchzehen
Salz
schwarzer Pfeffer
2 Zwiebeln
2 Karotten
2 mittelgroße Kartoffeln
1 Zweig Thymian
1 Zweig Rosmarin
½ l Rotwein
½ l Fischfond

1. Die Muscheln in einem Sieb gut abtropfen lassen und in kleine Stücke schneiden. Die Tintenfische ausnehmen, äußere Haut abziehen und die weißen Körper waschen. Kopf entfernen und die Arme abschneiden. Die Arme grob hacken.

2. Die Weißbrotscheiben zerkrümeln. Frühlingszwiebel in feine Ringe schneiden und in 2 Esslöffeln Öl etwa 2 Minuten dünsten. Die gehackten Tintenfischarme dazugeben. Oliven und Feigen grob hacken, 1 Knoblauchzehe zerdrücken, alles dazugeben. ¼ der Weißbrotkrümel untermischen. Mit Pfeffer und Salz würzen. Die Farce in die Tintenfische füllen.

3. Zwiebeln, Karotten und Kartoffeln schälen und in etwa 1 cm große Würfel schneiden. Thymian- und Rosmarinblätter von den Zweigen streifen.

4. Rotwein, Fischfond, Gemüse und Kräuter in einen Topf geben und ohne Deckel etwa 10 Minuten kochen, so dass die Flüssigkeit auf etwa die Hälfte reduziert wird und das Gemüse bissfest bleibt. Die übrigen Weißbrotkrümel dazugeben, salzen und pfeffern.

5. Den Gemüse-Rotwein-Sud in eine feuerfeste Form (Greixonera) füllen und die Calamares hineinlegen. Die Calamares sollen noch etwas aus dem Sud ragen. Die übrige Knoblauchzehe schälen, zerdrücken und darüber verteilen. Im Ofen etwa 30 Minuten schmoren.

TIPPS

- *Wenn die Mengen, die Saugfähigkeit des Weißbrots und die Temperatur stimmen, ist die Sauce zum Schluss dickflüssig.*
- *Dazu trinkt man einen jungen trockenen Weißwein.*

Seehecht mit Mayonnaise und Oliven
Lluç amb mohonesa i olives

ländlich

- *Für 6 Personen*
- *Zubereitung: ca. 40 Min.*
- *ca. 970 kcal*

ZUTATEN

2 Eier

4 Eigelb

½ l gutes Pflanzenöl

Salz, schwarzer Pfeffer

2 Zitronen

2 Essiggurken

1 ganzer Seehecht (ca. 1,2 kg)

1 Zwiebel

1 Knoblauchzehe

2 l Wasser, 1 EL Salz

10 weiße Pfefferkörner

2 Lorbeerblätter

1 Bund glatte Petersilie

1. Die 2 ganzen Eier in 10 Minuten hart kochen, abschrecken und pellen. Mit dem Elektroquirl die Eigelbe mit 1 Esslöffel handwarmem Wasser dickcremig schlagen. Das zimmerwarme Öl in dünnem Strahl unter ständigem Rühren dazugeben, mit Salz, Pfeffer und 2 Esslöffeln Zitronensaft abschmecken. Die Essiggurken und die harten Eier fein würfeln und mit der Mayonnaise vermengen.

2. Den Fisch ausnehmen, innen und außen waschen. Zwiebel und Knoblauch schälen, grob hacken. 2 l Wasser mit 1 Esslöffel Salz, Zwiebel, Knoblauch, Pfefferkörnern und Lorbeer in einem ovalen Fischtopf mit gelochtem Einsatz aufkochen. 10 bis 12 Minuten bei etwa 80 °C ziehen lassen, bis sich die Rückenflosse leicht herausziehen lässt. Eine Servierplatte vorwärmen.

3. Den Fisch mit herausnehmen. Kopf, Schwanz und Flossen entfernen. Die Haut entlang dem Rückgrat einschneiden und den oberen Teil abziehen. Das oben liegende Filet entlang der Seitenlinie einschneiden, beide Filethälften abheben und mit einer Palette umgekehrt auf die warme Servierplatte legen. Die Mittelgräte entfernen. Das untere Filet ebenfalls entlang der Seitennaht einschneiden und beide Filethälften von der unteren Haut abheben. So auf die ersten beiden Filets legen, dass wieder eine Fischform entsteht.

4. Eine Zitrone filetieren, Petersilie fein hacken. Den Fisch mit 3 bis 4 Esslöffeln Remoulade überziehen. Gehackte Petersilie darüber streuen und Zitronenfilets darauf verteilen. Die restliche Remoulade separat servieren.

SEEHECHT

Der in Spanien beliebte Seehecht hat relativ fettarmes, trockenes Fleisch. Das macht ihn einerseits als kalorienarm beliebt, bedeutet jedoch auch recht wenig Eigengeschmack. Durch die üppige Mayonnaise wird das Gericht zwar voluminöser, der Geschmack wird aber deutlich gesteigert.

Gegrillte Dorade mit Fenchel

Gegrillte Dorade mit Fenchel
Orada torrada amb fenoll

- *Für 4 Personen*
- *Zubereitung: ca. 40 Min.*
- *ca. 400 kcal*

ZUTATEN

4 Doraden, ausgenommen
4 kleine Fenchelknollen
3 Zweige Rosmarin
3 Zweige Thymian
3 Knoblauchzehen
2 kleine Zitronen
4 EL Olivenöl, 1 TL Mehl
100 ml Fischfond (Glas)
100 ml Weißwein
Salz, weißer Pfeffer
1 EL saure Sahne
1 Eigelb
5 Zweige glatte Petersilie

1. Die Doraden waschen, trockentupfen. Innen salzen und pfeffern. Den Fenchel putzen, 3 Knollen in $^1/_2$ cm dicke Scheiben schneiden, 1 Knolle in kleine Würfel. Rosmarin- und Thymianblätter fein hacken. Knoblauch schälen und zerdrücken. Die Zitronen filetieren.

2. Fenchelwürfel mit Kräutern, Knoblauch und dem beim Filetieren der Zitronen aufgefangenen Saft vermengen und in die Doraden füllen. Die Fische gut zudrücken.

3. Fenchelscheiben in 2 Esslöffeln Öl andünsten, mit 1 Teelöffel Mehl bestäuben und hellbraun braten. Fischfond und Wein dazugeben, gut umrühren. Salzen, pfeffern und ohne Deckel etwa 10 Minuten köcheln lassen. Die saure Sahne mit dem Eigelb glatt rühren und unterziehen. Die Zitronenfilets dazugeben und zugedeckt neben dem Herd warm halten.

4. In einer gusseisernen Pfanne 2 Esslöffel Öl erhitzen und die Fische von beiden Seiten je 5 Minuten darin braten.

5. Die Petersilie fein hacken. Fische und Fenchel auf einer warmen Platte anrichten und mit Petersilie bestreuen.

Mallorquinischer Fischtopf
Caldereta de peix

- *Für 6 Personen*
- *Zubereitung: ca. 1 Std.*
- *ca. 490 kcal*

ZUTATEN

600 g italienisches Weißbrot
5 EL Olivenöl
2 Stangen Staudensellerie
1 Stange Lauch
1 kleine Fenchelknolle
4 Fleischtomaten
5 Zweige glatte Petersilie
1 Knoblauchknolle
1 Zweig Oregano
300 g Petersfisch
1 kg gemischte Mittelmeerfische (Dorade, Brasse, frische Sardinen)
1 l Fischfond
Salz, schwarzer Pfeffer
1 EL Paprikapulver
1 Zweig Estragon
Saft von ½ Zitrone

1. Den Backofen auf 220 °C vorheizen. Das Weißbrot in dünne Scheiben schneiden, mit etwas Olivenöl bestreichen und etwa 8 Minuten im Ofen knusprig backen. Herausnehmen und abkühlen lassen.

2. Sellerie, Lauch und Fenchel putzen, in feine Scheiben schneiden. Die Tomaten enthäuten, entkernen, in grobe Würfel schneiden. Petersilienblätter von den Stielen zupfen und beides separat mittelfein hacken. Knoblauchknolle in Zehen teilen. Die Oreganoblätter von den Zweigen rebeln.

3. Alle Fische außer den Sardinen entgräten. Dazu mit einen scharfen Messer Kopf und Schwanz abschneiden, dann von der Rückenflosse her einschneiden und an der Mittelgräte entlang das Fleisch abschaben. Filets mit der Haut nach unten auf ein Brett legen und an der dünnen Seite mit einem Küchentuch anfassen. Das Fleisch von der dünnen Seite her von sich weg aus der Haut schneiden. In große, aber mundgerechte Stücke teilen.

4. Den Fischfond erhitzen, die Gräten grob zerhacken. Alle Fischabfälle 10 Minuten auf kleinster Flamme im Fischfond ziehen lassen. Fond durch ein feines Sieb gießen und salzen.

5. Das Öl in einem gusseisernen Bräter erhitzen. Gemüse (außer den Tomaten) sowie Petersilienstiele portionsweise glasig dünsten. Jede Portion mit etwas Oregano, Knoblauch, Salz und Pfeffer würzen. Alles Gemüse wieder in den Bräter zurückgeben, mit Paprika bestäuben und mit dem Fischfond aufgießen. Die Tomatenwürfel dazugeben, aufkochen, vom Feuer nehmen.

6. Fischstücke, Sardinen und den Estragonzweig einlegen und auf kleinster Flamme 15 Minuten ziehen lassen. Estragon entfernen. Mit dem Zitronensaft beträufeln und mit Petersilienblättern bestreuen.

7. Brotscheiben in Suppenteller verteilen und Fischsuppe darauf schöpfen.

TIPPS

- *Auf Mallorca wird das „Panmoreno" verwendet. Es wird dünn geschnitten und getrocknet.*
- *Als preiswerte Alternative zu Peterfisch können Sie auch Rotbarschfilet verwenden.*

Paella mit Meeresfrüchten
Paella amb peix i marisc

- *Für 4 Personen*
- *Zubereitung: ca. 60 Min.*
- *ca. 700 kcal*

ZUTATEN

2 Hühnerbrüste

16 Garnelen

3 Tintenfische

1 Dose Thunfisch

20 Miesmuscheln (Glas)

**1 rote und 1 grüne
Paprikaschote**

1 kleine Stange Lauch

5 Knoblauchzehen

100 g TK-Erbsen

4 EL Olivenöl

1 TL Honig

Salz, weißer Pfeffer

250 g Rundkornreis

½ l Gemüsebrühe

**1 TL Kurkuma oder
1 Döschen Safran**

½ Zitrone

5 Zweige glatte Petersilie

1. Die Hühnerbrüste in mundgerechte Stücke schneiden. Die Garnelen schälen, Tintenfische putzen und in Ringe schneiden. Thunfisch abtropfen lassen und in Stücke zerpflücken, die Muscheln abtropfen lassen.

2. Die Paprikaschoten entkernen und in schmale Streifen schneiden. Den Lauch der Länge nach vierteln und in kleine Stücke schneiden, waschen und abtropfen lassen. Knoblauch schälen und fein hacken. Die tiefgefrorenen Erbsen brauchen nicht weiter behandelt zu werden.

3. Backofen auf 180 °C vorheizen. In der Paellapfanne 2 Esslöffel Öl mit 1 Teelöffel Honig erhitzen und die Hühnerbrust darin rasch portionsweise bräunen, herausnehmen. Weitere 2 Esslöffel Öl in der Pfanne erhitzen und die Garnelen etwa 2 Minuten braten, die Muscheln dazugeben, 1 Minute braten, den Thunfisch dazugeben. Mit Salz und Pfeffer würzen.

4. Den Bratsatz mit 1 Tasse Wasser ablöschen, den ausgetretenen Fleischsaft von der Hühnerbrust dazugeben und alles Gemüse etwa 1 Minute bei großer Hitze darin schmoren. Reis und Gemüsebrühe dazugeben und mit Kurkuma, Salz und Pfeffer würzen. Auch das Fleisch und die Meeresfrüchte dazugeben, vorsichtig vermengen und zugedeckt im Ofen etwa 20 Minuten garen. Die letzten 5 Minuten den Deckel abnehmen.

5. Petersilienblätter grob hacken. Die Paella mit dem Saft der halben Zitrone beträufeln und mit der Petersilie bestreuen. In der Pfanne servieren.

- *Die Paella ist fertig, wenn der Reis eben gar ist und alle Flüssigkeit aufgenommen hat, aber feucht ist. Probieren Sie den Reis: Ist er trocken und noch hart, geben Sie etwas Wasser dazu und lassen die Paella noch einige Minuten im Ofen. Ist der Reis zu nass, nehmen Sie den Deckel ab und stellen Sie die Pfanne ebenfalls noch einige Minuten in den Ofen.*

Mallorquinischer Stockfisch
Bacallà a la mallorquina

- *Für 4 Personen*
- *Zubereitung: ca. 50 Min.*
  (plus 24 Std. zum Wässern)
- *ca. 1020 kcal*

ZUTATEN

800 g Stockfisch
1/8 l Milch
5 EL Olivenöl
Mehl zum Bestäuben
800 g Kartoffeln
2 rote Paprikaschoten
2 mittelgroße Zwiebeln
4 Knoblauchzehen
1 EL Tomatenmark
1 kleine Dose geschälte
  Tomaten
Salz
schwarzer Pfeffer
5 Zweige glatte Petersilie

1. Den Stockfisch mindestens 24 Stunden vor der Zubereitung in eine Schüssel mit Wasser legen. Alle 6 Stunden das Wasser wechseln. Beim letzten Mal die Milch dazugeben.

2. Am nächsten Tag den Ofen auf 180°C vorheizen, eine feuerfeste Form (Greixonera) mit 1 Esslöffel Öl auspinseln. Den Fisch aus dem Wasser nehmen, trockentupfen und in große Portionsstücke schneiden, leicht mit Mehl bestäuben.

3. Die Kartoffeln schälen und in dicke Scheiben schneiden. Paprikaschoten entkernen und in schmale Streifen schneiden. Zwiebeln und Knoblauch schälen und fein hacken.

4. In einem Topf 2 Esslöffel Olivenöl erhitzen, Paprika, Zwiebeln und Knoblauch darin anschwitzen. Tomatenmark dazugeben und unter Rühren etwas mitschmoren lassen. Die Tomaten dazugeben und zerdrücken, salzen, pfeffern und auf etwa die Hälfte einkochen lassen.

5. In einer Pfanne 2 Esslöffel Olivenöl erhitzen und die Kartoffeln darin in etwa 5 Minuten goldbraun braten, salzen, pfeffern und in die Form geben. Im selben Fett die Fischstücke anbraten, salzen, pfeffern und auf den Kartoffeln verteilen. 3 Petersilienzweige fein hacken und darüber streuen.

6. Die Tomatensauce darüber geben und mit etwas Olivenöl beträufeln. Im Ofen 10 Minuten schmoren. Von der restlichen Petersilie Blättchen abzupfen und über den Stockfisch streuen.

- *Stockfisch ist eines der wenigen alten Fischgerichte auf Mallorca. Es kann mit jeder Sauce zubereitet werden, die dem Fisch Feuchtigkeit und Säure zuführt (z. B. Tomaten).*

Mandelkuchen
Gató

- *Ergibt 12 Sücke*
- *Zubereitung: ca. 1 Std.*
  10 Min.
- *ca. 270 kcal*

ZUTATEN

8 Eier
1 Vanilleschote
250 g Puderzucker
1 TL Zimt
abgeriebene Schale von
  1 Zitrone
250 g gemahlene Mandeln
1 TL Pflanzenöl
Salz

1. Backofen auf 180 °C vor-heizen. Eine Springform von 26 cm ø mit Öl auspinseln.

2. Die Eier trennen, die Vanilleschote der Länge nach halbieren und das Mark herauskratzen. Eigelbe mit Puderzucker, Zimt und Vanillemark dick rühren. Zitronenschale dazugeben, die Mandeln unterheben und gut verrühren.

3. Die Eiweiße mit 1 Msp. Salz steif schlagen und unter die Masse heben. In die Springform füllen und auf der mittleren Schiene 50 Minuten backen.

4. Herausnehmen, etwas abkühlen lassen, mit Puderzucker bestreuen und noch lauwarm servieren.

TIPPS

- *Damit der Kuchen gut gelingt, sollten alle Zutaten Zimmertemperatur haben.*
- *Legen Sie Blätter vor dem Bestreuen mit Zucker auf den Kuchen, die Sie nach dem Zuckern abnehmen. So bekommen Sie ein hübsches Muster.*

MANDELN

Zu Mallorca gehören Mandeln wie Wurst und Kraut zu Deutschland. Die blühenden Mandelbäume überziehen im Januar und Februar die Insel mit einem weißen Schleier. Die Kerne werden in alle Welt exportiert. In der mallorquinischen Küche werden Mandeln ganz, gehackt, gemahlen und als Öl verwendet.

Hefeschnecken
Ensaïmades

zum Tee

- *Ergibt 16 Stück*
- *Zubereitung: ca. 1 Std. (plus 1 Std. 20 Min. Gehzeit und 20 Min. Backzeit)*
- *ca. 260 kcal*

ZUTATEN

500 g Mehl

40 g frische Hefe

1 TL Zucker

2 Eier

200 ml Milch

$\frac{1}{8}$ l Wasser

1 Prise Salz

100 g Puderzucker

200 g Schweineschmalz

Pflanzenöl für das Blech

Puderzucker zum Bestreuen

1. Das Mehl in eine Schüssel sieben und eine Mulde hineindrücken. Die Hefe in die Mulde bröseln, 1 Teelöffel Zucker darüber streuen und mit 2 Esslöffeln handwarmer Milch und etwas Mehl zu einem Vorteig verrühren. Etwa 20 Minuten zugedeckt an einem warmen Ort gehen lassen.

2. Die Eier mit $\frac{1}{8}$ l Milch, Wasser, Salz und Puderzucker verrühren und in die Schüssel geben. 100 g Schmalz in kleinen Stücken dazugeben und alles rasch zu einem Teig verkneten. Zugedeckt weitere 20 Minuten gehen lassen.

3. Backofen auf 225 °C vorheizen. Den Teig in mehrere Stücke schneiden und einzeln durchkneten, dann alle Stücke wieder zusammenkneten.

4. Den Teig ausrollen und mit 1 Teelöffel Schmalz bestreichen. Einmal zusammenfalten, wieder ausrollen. Mehrmals wiederholen, bis der Teig geschmeidig ist. Wieder etwa 20 Minuten gehen lassen.

5. Den Teig ausrollen und in 16 Stücke schneiden. Jedes Teil auf etwa 20 x 30 cm dünn ausrollen und mit 1 Teelöffel Schmalz bestreichen. Die Teigbahnen diagonal aufrollen und auf einem geölten Backblech locker zu Schnecken drehen. Das Endstück dabei unter die Schnecke drücken. Weitere 20 Minuten gehen lassen.

6. Die Schnecken mit Milch bepinseln und 20 Minuten backen. Mit Puderzucker bestreuen und noch lauwarm servieren.

TIPP

- *Stellen Sie eine flache feuerfeste Schale mit Wasser in den Backofen. Durch das häufige Gehenlassen wird der Teig besonders locker.*

Hefeschnecken

Mandelnougat
Torró d'ametlla

- *Ergibt 35 Stücke*
- *Zubereitung: ca. 30 Min. (plus 1–2 Tage zum Trocknen)*
- *ca. 150 kcal*

ZUTATEN

450 g Zucker
Wasser
1 Vanilleschote
1 Zitrone
500 g gemahlene Mandeln
6 Eigelb
Pflanzenöl für das Blech
Puderzucker zum Bestäuben

1. Den Zucker in einen Topf geben und knapp mit Wasser bedecken. Unter Rühren kochen, bis sich eine sirupartige Konsistenz ergibt. Eine Löffelspitze Sirup auf einen kalten Teller geben, den Zeigefinger hineintauchen, Daumen und Zeigefinger zusammendrücken. Finger langsam auseinander ziehen, es soll ein Faden entstehen.

2. Vanillemark, abgeriebene Zitronenschale und Mandeln in den Sirup geben und unter Rühren aufkochen lassen.

3. Den Topf in ein kaltes Wasserbad stellen und die Masse unter Rühren abkühlen lassen. Die Eigelbe unterrühren.

4. Ein Backblech leicht ölen, Alufolie darauf legen. Die Mandelmasse darauf gleichmäßig verteilen. 1 bis 2 Tage zugedeckt an einem warmen Ort trocknen lassen.

5. Mithilfe eines großen Holzbretts alles zusammen umdrehen. Die Alufolie abziehen. Den Nougat in kleine Stücke schneiden, mit Puderzucker bestreuen. In einer dicht schließenden Keksdose aufbewahren.

Orangen-Zitronen-Kuchen
Coca de taronges i llimona

Sonntagsgebäck

- *Ergibt 12 Stücke*
- *Zubereitung: ca. 1 Std. 30 Min.*
- *ca. 500 kcal*

ZUTATEN

4 Orangen

4 Zitronen

5 Eier

300 g Butter

300 g Zucker

200 g Mehl

100 g gemahlene Mandeln

2 EL Honig

¼ l Weißwein

4 EL Puderzucker

Puderzucker zum Bestäuben

1. Backofen auf 200 °C vorheizen. Eine Springform von 24 cm ø ausbuttern und mit Mehl bestäuben. Überschüssiges Mehl herausschütteln.

2. Die Orangen und Zitronen heiß waschen und die Schalen von je 1 Frucht abreiben. Alle Früchte filetieren, den Saft dabei auffangen.

3. Die Eier trennen. Die weiche Butter schaumig rühren. $2/3$ des Zuckers und die Eigelbe einrühren. Die Masse dick rühren. Das Mehl darauf sieben, Mandeln dazugeben und alles vermengen. Die geriebenen Zitrusschalen unterrühren. Das Eiweiß mit dem restlichen Zucker steif schlagen und unterheben.

4. In die Springform füllen und 50 Minuten backen (Garprobe machen). Den Kuchen aus der Form nehmen und auf einem Gitter abkühlen lassen.

5. In der Zwischenzeit in zwei Kasserollen je 1 Esslöffel Honig schmelzen, mit $1/8$ l Wein aufkochen lassen. Hitze reduzieren. In eine Kasserolle die Zitronenfilets, in die andere die Orangenfilets geben. Jeweils 2 Esslöffel Puderzucker dazugeben und offen zu einer dicklichen Konfitüre einkochen. Abkühlen lassen.

6. Den abgekühlten Kuchen zweimal quer durchschneiden. Auf die untere Platte das Orangenkompott streichen, eine Teigplatte darauf setzen und das Zitronenkompott darauf streichen. Die dritte Platte darauf setzen. Ein Spitzen-Tortenpapier auf den Kuchen legen, mit Puderzucker bestäuben. Papier vorsichtig abnehmen.

ZITRUSFRÜCHTE

Orangen und Zitronen sind auf der Insel allgegenwärtig und werden auch in vielen Gerichten verwendet. Da die sonnengereiften Früchte außerordentlich viel Saft und Aroma haben, werden Sie in einem mallorquinischen Kochbuch immer geringere Mengen angegeben finden als hierzulande. Beachten Sie also, daß vor allem Orangen ihren Geschmackshöhepunkt im Winter haben.

Birnen in Rotwein
Peres en vi

einfach

- *Für 4 Personen*
- *Zubereitung: ca. 30 Min. (plus 12 Std. zum Ziehenlassen)*
- *ca. 250 kcal*

ZUTATEN

6 Birnen (Williams Christ)
1/2 l Rotwein
100 ml Madeira
1 Msp. Zimt
1 Msp. Nelken
30 g Zucker
1/2 Zitrone
1/2 Vanilleschote
2 TL Speisestärke
Puderzucker zum Bestäuben
4 Zweige Zitronenmelisse

1. Die Birnen schälen, ohne den Stiel zu entfernen, mit dem Stiel halbieren und das Kerngehäuse entfernen.

2. Wein, Madeira, Gewürze, Zucker und abgeriebene Zitronenschale zum Kochen bringen. Vanilleschote der Länge nach halbieren, das Mark herauskratzen und dazugeben. Die Birnen einlegen und etwa 15 Minuten knapp unter dem Siedepunkt ziehen lassen, bis ein spitzes Messer fast ohne Widerstand durch das Fleisch geht.

3. Die Birnen mit dem Schaumlöffel vorsichtig herausnehmen und in eine flache Schale legen. Den Sud durch ein Sieb darüber gießen und über Nacht ziehen lassen.

4. Eine Stunde vor dem Servieren die Birnen herausnehmen und den Sud in eine Kasserolle gießen. Nach Bedarf mit Zucker oder Zitronensaft abschmecken. 1/2 Tasse abnehmen und die Stärke darin anrühren. Den Sud zum Kochen bringen und die Stärke einrühren. 1 Minute

köcheln lassen, vom Herd ziehen und erkalten lassen, bis die Sauce noch handwarm ist.

5. Die Birnen der Länge nach fächerförmig einschneiden, so dass sie am Stiel noch zusammenhängen.

6. Die Sauce mit dem Mixstab aufschäumen und je einen kleinen Schöpflöffel davon auf Teller verteilen, zwei Birnenhälften darauf anrichten, etwas auseinander drücken, so dass die Scheiben schräg stehen, und mit Puderzucker bestäuben. Mit der Zitronenmelisse garnieren.

TIPP

- *Sie können die Rotweinbirnen auch zum exklusiven Dessert ausbauen. Nehmen Sie dann nur 1/2 Birne pro Person. Schlagen Sie Sahne mit etwas Zucker, Vanillinzucker und Vanillemark steif. Spritzen Sie mit dem Spritzbeutel (große Sterntülle) eine Portion Sahne hübsch neben die Birnen und setzen Sie eine Kugel Hasel- oder Walnusseis dazu.*

Birnen in Rotwein

Eingelegte Feigen
Figues

- *Für 4 Personen*
- *Zubereitung: ca. 10 Min. (plus 1 Std. zum Ziehen-lassen)*
- *ca. 180 kcal*
- *Dazu passt mürbes Teegebäck*

ZUTATEN

16 frische Feigen
¹/₂ Zitrone
¹/₈ l Madeira
5 Zweige Zitronenmelisse
1 TL Speisestärke
Puderzucker zum Bestäuben

1. Die Feigen waschen, von den Stielen befreien und vierteln. Die Zitrone auspressen. In einer Schüssel den Madeira mit dem Zitronensaft mischen. Blättchen von 2 Zweigen Zitronenmelisse abzupfen und dazugeben. Die Feigen darin wenden und mindestens 1 Stunde ziehen lassen.

2. Die Feigen herausnehmen, abtropfen lassen. 3 Esslöffel der Flüssigkeit abnehmen und die Stärke damit anrühren. Die restliche Flüssigkeit erhitzen, Stärke einrühren, 1 Minute köcheln lassen und vom Herd ziehen. Abkühlen lassen.

3. Von der restlichen Zitronenmelisse die Blätter abzupfen. Die Madeirasauce auf Teller verteilen, die Feigen darauf anrichten und mit Puderzucker bestreuen. Melissenblättchen darüber streuen.

Kürbismarmelade
Cabell d'angel

klassisch

- Für 8–10 Gläser à 450 g
- Zubereitung: ca. 40 Min. (plus 12 Std. zum Ziehen- lassen)
- ca. 1070 kcal

ZUTATEN

3 kg reifer Kürbis
2,5 kg Zucker
1 unbehandelte Orange
1 unbehandelte Zitrone
2 EL spanischer Weinbrand

1. Den Kürbis halbieren, die Kerne und Fasern entfernen. Das Kürbisfleisch aus der Schale holen und in 1 cm große Würfel schneiden. Orangen- und Zitronenschale abreiben. Kürbiswürfel mit dem Zucker und der Schale der Zitrusfrüchte in einem Topf mischen. Den Wein- brand dazugeben und zuge- deckt über Nacht ziehen lassen.

2. Die Kürbismischung unter Rühren zum Kochen bringen, Hitze reduzieren und etwa 20 Minuten leise köcheln lassen.

3. 8 bis 10 Twist-off-Gläser und -Deckel sehr heiß aus- spülen und auf einem saube- ren Küchentuch umgedreht abtropfen lassen. Die Gläser auf ein feuchtes Tuch stellen. Marmelade mithilfe eines Trichters einfüllen. Sofort verschließen und Glas auf den Kopf stellen, bis die Marmelade erkaltet ist.

TIPPS

- *Die Marmelade schmeckt her- vorragend auf frisch geröste- tem und noch warmem Weiß- brot oder als Füllung von Hefegebäck.*
- *Ein herrlicher süßer Imbiss ist ein Blechkuchen mit einem Belag aus Kürbismarmelade, vermischt mit Sahne.*

KÜRBIS

Kürbisse kommen ursprüng- lich aus Indien und Mexiko, gedeihen aber auch bei uns hervorragend. Sie werden im Herbst auf den Märkten ganz angeboten und eignen sich sehr gut zum Einma- chen. Die Kerne werden industirell zu Öl verarbeitet. In Öl geröstet kann man sie auch als Knabberei oder Salatdekor verwenden. Kürbisfleisch wirkt harntrei- bend und entwässernd, hat einen hohen Karotingehalt und wenig Kalorien.

Alphabetisches Rezeptverzeichnis

Im FALKEN Verlag sind zahlreiche Titel zum Thema „Essen und Trinken" erschienen. Sie erhalten sie überall dort, wo es Bücher gibt.

Dieses Buch wurde auf chlorfrei gebleichtem und säurefreiem Papier gedruckt.

Der Text dieses Buches entspricht den Regeln der neuen deutschen Rechtschreibung.

ISBN 3 8068 2195 X

© 1998 by FALKEN Verlag, 65527 Niedernhausen/Ts.

Umschlaggestaltung:
Rincon² Design & Produktion GmbH, Köln
Gestaltung: Horst Bachmann
Redaktion: Marlein Auge
Herstellung: Ulrich Klein
Umschlagfoto: Martin Krapohl, Düsseldorf (Rezept „Lammkoteletts in Mandeln paniert", S. 60)
Rezeptfotos: Martin Krapohl, Düsseldorf
Weitere Fotos im Innenteil: FALKEN Archiv
Produktion: Alinea, München

Satz: Alinea, München
Gesamtkonzeption: FALKEN Verlag,
D-65527 Niedernhausen/Ts.

817 2635 4453 6271

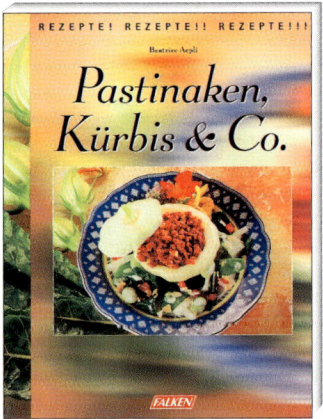